婴幼儿托育服务与管理专业规划教材

扫码获取本书教学资源

婴幼儿托育服务与管理专业规划教材

杨晓萍　李姗泽　总主编

婴幼儿教育概论

主　编：何孔潮　陈利利
副主编：戴小飞　陶　垚　刘　洋　唐　利
谢　翌　谢元亭
编　委：（以姓氏笔画排序）
刘　洋　何孔潮　陈　虎　陈利利
唐　利　唐义燕　陶　垚　谢　翌
谢元亮　谭翔允　戴小飞

西南大学出版社
国家一级出版社　全国百佳图书出版单位

图书在版编目(CIP)数据

婴幼儿教育概论 / 何孔潮, 陈利利主编. -- 重庆 : 西南大学出版社, 2022.8
ISBN 978-7-5697-1539-2

Ⅰ. ①婴… Ⅱ. ①何… ②陈… Ⅲ. ①幼儿教育学-教材 Ⅳ. ①G610

中国版本图书馆CIP数据核字(2022)第112838号

婴幼儿教育概论

YINGYOU'ER JIAOYU GAILUN

主　编　何孔潮　陈利利

总 策 划:杨　毅　杨景罡
执行策划:钟小族　张燕妮
责任编辑:张　昊
责任校对:李　君
装帧设计:闰江文化
排　　版:张　艳
出版发行:西南大学出版社
重庆·北碚　邮编:400715
印　　刷:重庆紫石东南印务有限公司
幅面尺寸:185mm×260mm
印　　张:10
字　　数:196千字
版　　次:2022年8月　第1版
印　　次:2023年12月　第2次印刷
书　　号:ISBN 978-7-5697-1539-2
定　　价:42.00元

总序

0~3岁婴幼儿阶段是一个人生命中最快速发展的时期，亦是人生的重要奠基期。婴幼儿成长需要一个儿童友好社会，需要一个完整的社会教育架构，以保证每个家庭中的每一个孩子都能在其黄金三年得以健康成长。由此，架构一个完整的有利于婴幼儿健康成长的托育服务体系，并在高校培养相应的人才是中国教育体系刻不容缓的任务。

婴幼儿托育服务质量不仅关乎婴幼儿的健康成长，而且关乎人民群众的获得感、幸福感和安全感。近年来，国务院、教育部相继出台了一系列政策，对婴幼儿托育事业进行规划和布局。《中华人民共和国国民经济和社会发展第十四个五年规划和2035年远景目标纲要》中特别强调"发展普惠托育服务体系，健全支持婴幼儿照护服务和早期发展的政策体系"。2021年12月，国家发展改革委等部门联合印发了《"十四五"公共服务规划》，指出"着力构建多元化、多样化、覆盖城乡的婴幼儿照护服务体系，积极引导社会力量举办托育服务机构……依法逐步实行婴幼儿照护工作人员职业资格准入制度"。党的二十大报告中提出"群众在就业、教育、医疗、托育、养老、住房等方面面临不少难题；……我们已经采取一系列措施加以解决，今后必须加大工作力度"。

构建规范普惠的婴幼儿托育服务体系对于改善我国人口结构、积极应对人口老龄化、保持我国人力资源禀赋优势等方面具有重要意义。尽早研究、大力发展婴幼儿托育服务体系，建立健全相关的政策制度设计，是事关国家发展与安全、关乎国计民生的重要任务，这离不开大量高素质专业人才的支撑。目前，我国托育服务从业人员队伍建设主要存在数量不足、人员素质参差不齐、托育服务人才培养和培训体系尚未形成等短板，应拓宽培养培训渠道，着力建设一支品德高尚、富有爱心、敬业奉献、素质优良的托育服务人才队伍。

本套教材依据《职业教育专业目录(2021年)》，按照《托育机构设置标准(试行)》《托育机构管理规范(试行)》《托育机构保育指导大纲(试行)》等重要文件精神进行编写，涵盖了婴幼儿托育服务与管理专业主要基础课程和专业核心课程，共包含23本教材。在编写过程中我们力求创新，努力打造自己的优势和特色。

第一，充分体现医教融合，指向岗位实际需求。本套教材的编写团队由师范院校、医学院校和企业团队构成，积极促成高校、医院与早教机构联合开发应用型课程，共同聚焦“医教融合”托育服务新模式下的岗位核心能力，着力体现人才培养的前瞻性和适应性。

第二，结合工作流程制订项目学习任务，符合高职“三教”改革趋势。立足职业教育的类型特点和经济社会发展对技术技能型人才的需求，探索活页式新形态教材开发的思路和方法，是职业教育“三教”改革的重要内容。本套教材积极探索以提高实践能力为引领的人才培养流程，对接职业岗位标准，将工作任务转化为项目，将专业知识与技能转化为岗位能力，以项目为纽带、工作任务为载体、工作过程为导向，构建教材内容。融合学校和企业人员，共同编写理实一体、书证融通的工作手册式、活页式新形态教材。

第三，体现岗位能力要求，让学习者提前了解真实工作应用场景。本套教材以学习者发展为根本，以学习产出为导向，关注实践性教学内容，重视解决工作实际问题。在内容设计上，以典型工作任务、案例为载体组织教学单元。立足真实工作情景，采用大量真实案例及拓展阅读素材，帮助学习者在了解基本理论的前提下，更好地面对、解决工作中遇到的实际问题。

第四，配备丰富教学资源，视频展示实操技能。本套教材在设计上注重实操性，通过操作视频、题库、案例集等数字资源，为学习者创设真实详细的任务情境，增强学习过程的综合性、趣味性、挑战性，使学习者在主动建构、合作共研的过程中获得新知、提升经验。此外，编写团队还重视教材的实用性和灵活性，打造“纸质教材+数字化教材”协同互补的新形态教材体系，以期提高教学实效。

本套教材的顺利付梓得益于所有参编人员的辛劳付出和西南大学出版社的积极协调与沟通。在此向参与此次编写活动的全体人员表达我们的敬意。同时，教材写作难免有疏漏或不足之处，我们将在教材使用中进一步总结反思，不断修订完善，恳请各位同行不吝赐教。

李姗泽

前言

自《国家中长期教育改革和发展规划纲要(2010-2020年)》在第二部分发展任务中提出“重视0至3岁婴幼儿教育”以来,我国在政策、经费、人员等方面不断加强对0-3岁婴幼儿教育的支持力度,有效地提升了社会各界对0-3岁婴幼儿教育的关注。

2019年5月9日,《国务院办公厅关于促进3岁以下婴幼儿照护服务发展的指导意见》强调:“加强对家庭婴幼儿照护的支持和指导。”“为家长及婴幼儿照护者提供婴幼儿早期发展指导服务。”“加大对社区婴幼儿照护服务的支持力度。”“加强婴幼儿照护服务专业化、规范化建设。”“依法逐步实行工作人员职业资格准入制度。”这些都充分表明:当前婴幼儿教育的研究和实践都必须把重点放在婴幼儿教育理念推广、课程体系建设、实践教学规范、操作技能可行等领域。

近年来,随着我国社会经济的发展及生育政策的变化,人们对婴幼儿托育服务的需求日益增长。深化对0-3岁婴幼儿教育的认识,是实施婴幼儿科学照护和教育的重要前提。本书通过对婴幼儿教育理论、教育活动实施原则和方法的深入研究,归纳出符合0-3岁婴幼儿发育指标的教育策略,可以为婴幼儿托育机构的科学照护和家庭中的科学育儿提供理论和实践参考,为高职院校相关专业的学生提供学习支持。

本书努力探索以职业认知为主旨的、具有引导性质的专业基础课程建设,着重体现鲜明的职业性,把其作为早期教育、婴幼儿托育服务与管理等相关专业的必修课。为促进0-3岁婴幼儿教育的发展,我们对相关内容进行了重构和优化,形成了以下特色。

一、在编写体例上,注重形式的创新。本书有效引入职业院校的项目式、任务驱动的教学方法,推行项目式的案例教学。通过任务描述、任务准备、操作流程、任务分析、学习支持、教学评价等一系列活动,系统巩固学生的基础知识、强化其职业能力,突出托育服务行业从业人员的工作适应性、任务驱动性和可操作性,充分体现了"教学做合一"的职业教育理念。

二、在编写内容上,注重"理论够用、实践为主"。围绕培养职业院校"高素质技术技能型人才"的培养目标,立足于婴幼儿托育服务与管理专业人才综合素质培养,结合国外先进的婴幼儿教育思想,分析我国婴幼儿教育发展状况并提出相应的教育原则和方法,具有较强的操作性和实用性。打破传统教材理论堆砌的枯燥,注重学生实践能力的培养和综合素养的提升,更适合职业院校学生的学习基础和学习特点。

三、有效实施书证融通,促进学生技能发展。2019年1月国务院印发的《国家职业教育改革实施方案》、2019年4月教育部会同国家发展改革委等四部门印发的《关于在院校实施"学历证书+若干职业技能等级证书"制度试点方案》等文件明确提出:要实施书证融通,持续推动职业教育高质量发展。本书将最新的育婴员、保育师、婴幼儿发展引导员等的国家职业技能标准有效融入内容中,切实促进学生职业技能的提升。这既符合职业院校的人才培养目标,适应当前我国婴幼儿托育服务行业对人才的需求,又能满足本专业学生考取执业资格证书的需求。

本书是集体智慧的结晶,编者都是来自学前教育专业、婴幼儿托育服务与管理专业一线的专业带头人和骨干教师,教学研究和实践经验都非常丰富。本书主编为山东师范大学教育学部学前教育学院何孔潮教授和重庆传媒职业学院陈利利老师。编写具体分工如下:何孔潮、陈利利负责拟定全书框架设计、制定编写标准、统稿;项目一的编写者是重庆传媒职业学院陈利利、戴小飞、陶垚;项目二的编写者是重庆城市职业学院谢翌;项目三的编写者是重庆传媒职业学院陈利利;项目四的编写者是重庆机电职业技术大学刘洋、眉山职业技术学院唐利;项目五的编写者是重庆资源与环境保护职业学院谢元亭。山东英才学院学前教育学院唐义燕教师以及山东师范大学教育学部学前教育学院的研究生陈虎、谭翔允也为本书的修改、统稿贡献了智慧和汗水。

本书在编写过程中,参考借鉴了学界专家的相关研究成果,在此,谨向相关作者表示感谢!由于编写体例限制,未在文中一一注明,不周之处,敬请谅解。致力于0–3岁婴幼儿教育的提升和突破是我们共同的心愿。

由于编写时间紧迫,编者能力和水平有限,本书中难免存在不妥和有待改进之处,恳请使用本书的广大师生和社会读者提出宝贵的意见和修改建议,以便我们在修订时不断完善。

编　者

2022年6月

目录

项目一

婴幼儿教育概述

项目目标

1.初步了解婴幼儿教育的基本理论知识。

2.掌握婴幼儿教育的内容。

3.明晰婴幼儿教育的价值。

4.能将婴幼儿教育的基本规律应用到教育实践活动中。

5.激发学生对婴幼儿教育的兴趣,提升团队协作能力。

6.能正确认识婴幼儿教育的意义、树立科学的教育观。

学习重难点

学习重点:

1.掌握婴幼儿教育的理论知识和具体内容。

2.能将婴幼儿教育的基本理论知识应用到教育实践活动中。

学习难点:

婴幼儿的教育会随着身心发展而不断变化,学生要根据不同年龄阶段的幼儿情况及时调整教育活动。

思维导图

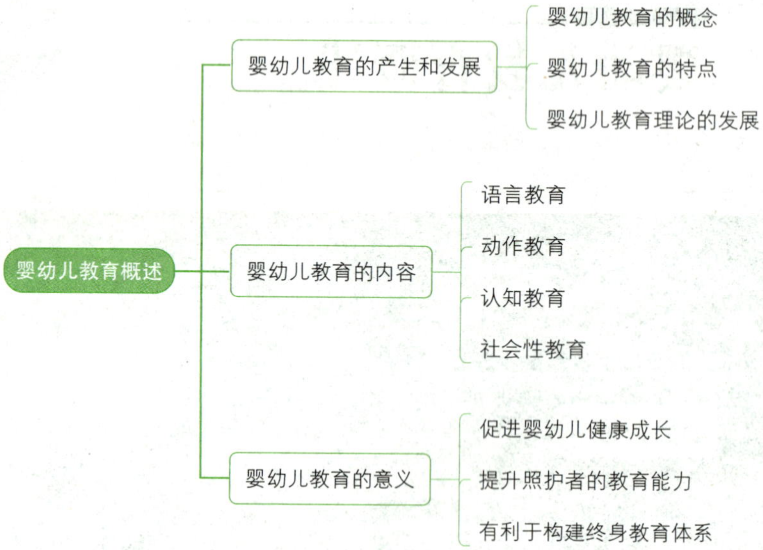
婴幼儿教育概述
婴幼儿教育的产生和发展
婴幼儿教育的概念
婴幼儿教育的特点
婴幼儿教育理论的发展
婴幼儿教育的内容
语言教育
动作教育
认知教育
社会性教育
婴幼儿教育的意义
促进婴幼儿健康成长
提升照护者的教育能力
有利于构建终身教育体系

任务一
婴幼儿教育的产生和发展

任务描述

0–3岁婴幼儿教育是教育范畴不断扩展的新领域，婴幼儿期是一个人发展最重要的时期，因此教育儿童应尽早开始。本任务旨在帮助学生了解婴幼儿教育理论及发展情况，有助于婴幼儿照护者初步树立科学的教育观念，科学地组织教育活动。

任务准备

该任务准备相关材料：婴幼儿教育发展案例。

操作流程

工作表单1

案例分析

乐乐快3岁了，几次早教活动都是奶奶和姥姥陪着来参加的，今天也不例外。走进活动室，面对新奇有趣的各种玩具，其他宝宝都兴奋地投入其中，开心地玩了起来。乐乐的眼神中也流露出向往之情，但是他的身体却紧紧地依偎在奶奶的怀里，不愿主动去玩。于是，我热情地招呼乐乐和小朋友一起玩，几经犹豫后，乐乐终于坐到了桌子边。

刚玩了一会儿，乐乐突然大声哭了起来。原来，他想要的红色雪花片被旁边的小朋友拿走了，乐乐想要拿回，未料那个小朋友坚决不给。我走到乐乐身边，用手指着篮子里的红色雪花片，轻轻提醒乐乐："你可以拿篮子里的红色雪花片啊。"乐乐听后，抹掉眼泪，从篮子里拿起红色雪花片，破涕笑了。见此情景，奶奶感慨地说："老师啊，你教教我，这孩子的脾气老大了，我们年纪大了，管教不了他。"已经发现问题的我也正想和老人沟通一下，于是，乐乐在其他老师的安顿下，安静地玩着，我则和老人聊起了乐乐的家庭生活背景，以便有针对性地和老人交流如何更好地教育、引导乐乐。

思考：婴幼儿教育的内涵。

工作表单2

个人思考

婴幼儿教育的特点	婴幼儿教育与学前教育的区别

工作表单3

小组讨论

婴幼儿教育实施的可能性。小组讨论:需要考虑的因素有哪些?婴幼儿教育是如何产生、发展的?形成了哪些思想和理论?

影响因素	发展状况

任务分析

此次任务共有三个表单,需要学生在查阅相关资料的基础上完成。任务内容主要包括婴幼儿的定义以及实施的对象;婴幼儿教育的特点及其与其他阶段教育的区别;婴幼儿教育理论发展状况。教师需要根据教学任务的规律和学生已有的基础进行选择,以设计出能有效促进学生学习效果的教学活动。

学习支持

婴幼儿教育是人接触教育最开始的阶段,是在了解婴幼儿身心发展及动作发展的情况下展开的教育。婴幼儿教育不同于其他阶段的教育,其教育对象的特殊性决定了教育的主要目标是促进婴幼儿身心健康全面发展,这就要求婴幼儿照护者要有良好的引导作用。通过对婴幼儿教育学的学习,我们可以形成合理的儿童观、教师观、教育观,进而提高从事婴幼儿教育工作的自觉性和科学性,成长为一名专业的婴幼儿照护者。

婴幼儿的思维特点要求婴幼儿照护者能敏锐地观察到婴幼儿在教育活动过程中的学习行为和学习心理,恰当地运用客观条件和教育方法,集中儿童的注意力，激发他们的积极性，把教育活动组织得生动活泼、富有成效。

一、婴幼儿教育的概念

1. 婴幼儿

在婴幼儿教育活动过程中，婴幼儿是学习的主体，是教育活动中接受教育的人。婴幼儿是婴儿和幼儿的统称，广义的婴幼儿一般是指0–6岁的幼小儿童，狭义的婴幼儿一般是指0–3岁的幼小儿童（0–1岁的儿童为婴儿，1–3岁的儿童为幼儿），本教材中所提到的“婴幼儿”一般指狭义上的0–3岁的婴幼儿。由于婴儿与幼儿之间有很大的关联性和相似性，因此在许多的儿童论著、医学论著和儿童早期教育著作中会将他们连在一起说，以方便理解。婴幼儿是教育活动中从事游戏和其他活动的主体，是构成婴幼儿教育的核心要素。

2. 婴幼儿教育

婴幼儿教育的概念可以从狭义与广义两个角度来界定。广义上认为凡是能够影响婴幼儿成长和认知、情感、性格等方面的有目的的活动，如婴幼儿在成人的指导下阅读绘本、参加社会活动、与父母日常交流等，都可以说是婴幼儿教育；而狭义的婴幼儿教育是指为0–3岁阶段婴幼儿提供能够保障婴幼儿健康安全、促进婴幼儿全面发展的教育活动。

二、婴幼儿教育的特点

1. 保护性

0–3岁是儿童体格发育和神经系统发育最迅速的时期，随着身体各器官的不断生长发育，婴幼儿几乎每月甚至每天都在发生变化，而这一时期也是婴幼儿疾病、意外容易发生的时期。一方面他们身体各方面没有发育完全，五脏六腑非常娇嫩，抵抗力较差；另一方面他们发育较快，生机蓬勃，疾病转化迅速，有容易感冒、容易发热、怕冷怕热的特点，即中医常说的“易寒易热，易虚易实”的特点，每当外感寒热、饮食不当的时候极易生病。但是，如果调理得法，也很容易恢复。正是因为小宝宝在婴幼儿期有其生理特点及营养需求，因此，在婴幼儿教育过程中，宝宝的身体健康、安全饮食不容忽视，针对这一时期婴幼儿生理、心理特点，必须辅助以适当的保育方式和保育手段。①

2. 生活化

婴幼儿的年龄特点和身心发展需要，决定了托育机构教育目标和内容的广泛性，也决定了保教合一的教育教学原则。对于婴幼儿，除了认识周围世界、启迪其心智的学习内容以外，一些基本的生活和“做人”所需要的态度和能力，如

① 但菲. 关于0–3岁婴儿教育的思考[J]. 学前教育研究，2002(03):49–50.

卫生习惯、生活自理能力、交往能力等都需要去学习。但是,如此广泛的学习内容不可能仅仅依靠婴幼儿照护者设计、组织的教育教学活动来完成,也不可能通过口耳相传的方式来实现,婴幼儿只能在生活中学习、在交往中学习。即使是认知方面的学习,也要紧密结合婴幼儿的生活经验,才能被婴幼儿理解和接受。因此托育机构课程具有浓厚的生活化特征:课程的内容来自婴幼儿的生活,课程实施贯穿于婴幼儿的日常生活。①

3.游戏化

游戏符合婴幼儿的年龄特征和个人爱好,能够满足婴幼儿的各种身心需要,是托育机构最基本的活动方式,也是婴幼儿教育的基本原则之一。从本质上来看,游戏是婴幼儿自身的一种自主自发的主体性活动,对婴幼儿的成长有着多方面的价值。游戏是婴幼儿基本的学习方式,在婴幼儿托育教育过程中居于非常重要的地位。②

4.活动性和直接经验性

婴幼儿主要通过各种感官来认识世界,只有在获得丰富的感性经验的基础上,才能理解事物,才能对事物形成相对比较抽象的认识。婴幼儿这种具有行动性和形象性的认知方式和认知特点,使得托育机构课程必须以婴幼儿主动参与的教育性活动为其基本的存在形式和构成成分。对婴幼儿来讲,只有在活动中的学习才是有意义的学习,只有在直接经验基础上的学习才是理解性的学习。

5.整体性

婴幼儿教育自身的发展特点决定了托育机构的教育包含了看护、养育以及潜能激发,为婴幼儿提供个性化的成长方案,同时为婴幼儿照护者提供专业的育儿和家庭教育指导。

三、婴幼儿教育理论的发展

为了更好地学习婴幼儿教育学,更好地开展婴幼儿保育与教育工作,我们要认识这门学科的发展脉络、现状与目前存在的问题,预测其将来的发展趋势。随着人类社会的发展,婴幼儿教育学诞生并逐渐发展壮大。婴幼儿教育学的发展是社会各方面综合发展的产物。生产力的发展对婴幼儿教育提出了更多更高的要求,促进了其理论的发展。其他科学领域的发展,特别是生理学、心理学和脑科学的发展为婴幼儿教育学奠定了基础。下面我们将谈谈婴幼儿教育学的历史演进。

---

① 虞永平.学前教育学[M].北京:高等教育出版社,2012.

② 张红.0-3岁婴幼儿教育活动设计与指导[M].上海:华东师范大学出版社,2020:4-26.

(一)婴幼儿教育思想的萌芽阶段(19世纪以前)

0-3岁的婴幼儿教育,只是表现的内容、形式与今天不同。在原始社会,由于生产水平低下,人类只能通过群居方式生活,儿童由氏族部落的成年妇女和老人进行"公养公育"。进入奴隶社会和封建社会以后,婴幼儿在家庭中进行喂养和看护。古希腊的哲学家和教育家柏拉图曾在其《理想国》中主张,教育应尽早开始。他认为:一个人成为什么样的人,其从小所受的教育至关重要。一个人在其幼小阶段,最容易接受陶冶,你要把他塑造成什么形式,就能塑造成什么形式。亚里士多德主张,凡在儿童身上可能培养的习惯,都应及早开始,然后渐渐加强这些训练。5岁以前,不要教孩子任何功课,可以安排他们游戏和娱乐,应注意周围环境对儿童的影响。

我国也很早就有学者在其著作中就儿童教育发表自己的观点,据史料记载,我国实施胎教的历史可以追溯到三千多年前的西周时期,《礼记·内则》中记录了中国教育史上最早的学前教育思想,提出了小儿出生后选择保姆的要求以及从儿童能食能言时便进行教育,从小教导儿童日常生活的习惯、礼节和常识等,《大戴礼记·本命》中有儿童出生后各年龄阶段特点的记载。

1.夸美纽斯(1592—1670)

夸美纽斯尖锐地抨击中世纪的学校教育,并号召"把一切知识教给一切人",提出了统一学校制度,主张普及初等教育等观念。其《母育学校》在人类史上首次制定了6岁以下儿童详细的教育大纲。夸美纽斯认为,家庭是儿童的第一所学校,家庭教育是学校教育的初步阶段,父母是儿童的第一位老师,特别是母亲对孩子的教育负有特殊的责任和义务。儿童"应当比金银珠宝还要珍贵些、可亲些,儿童是使我们不忘谦逊、和蔼、仁慈、协调等美德的镜子"。在《母育学校》里,夸美纽斯遵循儿童的自然性原则,认为教育内容应由简到繁,从感觉训练到宗教信仰的培养,形成梯度,循序渐进;教育方法应简单灵活,易于操作。[①]

图1-1 夸美纽斯

2.洛克(1632—1704)

洛克在《教育漫话》一书中提出了儿童体育、德育和智育的具体建议。《教育漫话》在西方教育史上第一次将教育分为体育、德育、智育三部分,并做了详细

① 褚洪启.论夸美纽斯教育理论的历史价值[J].北京师范大学学报(社会科学版),1995(03):87-93.

论述。它强调环境与教育的巨大作用，强调在体魄与德行方面要进行刻苦锻炼。这些思想对西方近代教育的变革影响很深。

图1-2　洛克

图1-3　卢梭

3. 卢梭（1712—1778）

卢梭是启蒙运动最卓越的代表人物之一，他的儿童观在历史上是一个转折、一个分水岭。他的近代儿童观为当代儿童研究奠定了坚实的基础。他在《爱弥儿：论教育》中强调教育要回归自然，主张按照儿童的自然发展历程来进行教育。他提出儿童的自然发展历程包括三个阶段：2-12岁的儿童阶段；12-15岁的少年阶段；15-20岁的青年阶段。其中，2-12岁的儿童在智力方面还处于睡眠时期，缺乏思维能力，因此他主张对这一时期的儿童进行感官教育。

卢梭认为0-2岁的婴幼儿教育应以体育保健为主，因为健康的身体是智慧的工具，体育乃是一切教育的基础。此时期体育教育的主要方法是身体的养护和锻炼，其关键是“多给孩子们以真正的自由”。他反对捆绑婴儿的四肢，要求衣服宽松肥大，使婴儿的肢体可以充分自由活动，而且衣服不宜穿得太多，应该养成他们适应各种天气变化的能力。卢梭还主张婴儿应该由母亲哺乳，由父母亲自养育。儿童还应该培养抵抗疾病的能力，不能完全依赖医药的治疗。不能溺爱儿童，不强迫或加速儿童语言的发展，而应该顺其自然。[①]

（二）婴幼儿教育理论的产生阶段（19世纪初期）

1. 福禄贝尔（1782—1852）

福禄贝尔，现代婴幼儿教育的鼻祖。他创办了第一所被称为“幼儿园”的早期教育机构，他的早期教育思想对现今婴幼儿教育实践仍具有指导意义，他对婴幼儿教育理论发展的贡献主要集中在以下几个方面。

---

① 杨孔炽．论卢梭的儿童观及其现代意义[J]．教育研究，1998(01):73-77.

(1)家庭和父母的重要地位。福禄贝尔与夸美纽斯观点一致,他们都非常重视家庭和父母在婴幼儿教育中的重要地位,认为家庭生活对儿童发展的每个阶段乃至一生都是无比重要的。他指出父母尤其是母亲出于天性,即使在没有任何指导、未经过任何学习的情况下也会本能地、自发地教育自己的孩子,然而这样是不够的。

图1-4 福禄贝尔

(2)教育机构的补充作用。早在1829年,福禄贝尔就明确表示必须为0-6岁的儿童建立专门的教育机构,以便协助家庭更好地教育孩子。他认为婴幼儿教育机构是家庭教育的“补充”,是家庭生活的继续和扩展。因此,即使儿童要在婴幼儿教育机构中接受教育,家长也不能放松家庭教育的内容,两者的一致,乃是完善教育的首要的、不可缺少的条件。

(3)游戏和手工作业是主要活动。福禄贝尔认为,游戏是儿童的内在本能,尤其是活动本能,因而对儿童的教育,不应加以束缚、压制,也不应拔苗助长,而是应当顺应其本性,满足其本能需要,如同园丁顺应植物的本性,给植物施以肥料,配合以合适的日照、温度。如此,蕴含在人里面的神性将得以在人性里逐步被唤醒而体现出来。因此,游戏和手工作业应是婴幼儿时期最主要的活动,而知识的传授只是附加的部分,穿插其中。教育机构上课只需要用口语,不需要学习文字,而教师最主要的责任,是妥善地加以指导、设计各种游戏活动。同时他还重视手工材料和教具的准备,其中包括著名的“恩物”。他也重视环境的创设,主张教育机构必须设置花坛、菜园、果园。

2.蒙台梭利(1870—1952)

蒙台梭利出生于意大利,是20世纪杰出的幼儿教育家,她创办了“儿童之家”,是西方教育史上与福禄贝尔齐名的教育家。蒙台梭利重视早期教育,认为儿童心理的发展具有节律性、阶段性、规律性,强调生命力的冲动是儿童心理发展的原动力,也强调儿童心理的正常发展必须依靠环境和教育的及时、合理的安排。

图1-5 蒙台梭利

蒙台梭利于1907年创办了“儿童之家”,以医学、生理学等理论为基础,把教育缺陷儿童的方法用于教育正常儿童，该实验创造了教育的奇迹。以她的名字命名的教育方法——蒙台梭利教学法，至今仍有很多的早教机构或幼儿园沿用。蒙台梭利教育的目标是运用科学的方法，激发儿童的“内在潜力”，使之获得自由的展现和自然的发展，培养其成为具有独立、自主精神和善于工作的人。其教学内容分为五大领域，包括感觉教育、数学教育、日常生活教育、语言教育和科学教育。

（1）蒙台梭利教育的儿童观。蒙台梭利十分强调婴幼儿教育的重要意义，主张婴幼儿心理发展是天赋能力的自然表现，认为婴幼儿是一个“精神胚胎”，存在着与生俱来的“内在生命力”，具有“吸收力的心智”。她认为婴幼儿在连续不断的心理发展过程中存在着阶段性，处于不同发展阶段的儿童在心理特征与面貌上有着根本不同的表现。蒙台梭利把儿童发展分为三个阶段：0–6岁是婴幼儿期，6–12岁是儿童期，12–18岁是青春期。

她指出，婴幼儿心理发展具有连续性，这种连续性指婴幼儿的发展是一个连续的、不断前进的过程，前一个阶段的充分发展是后一个阶段的基础，后一个阶段的发展是以前各个阶段发展的积累和延续。同时，她还认为婴幼儿心理发展存在敏感期，所谓敏感期是“五大敏感期”（语言、感觉、秩序、运动、工作），指生物在其发展过程中对环境中某事物的感知极其敏锐，会产生无法抗拒的冲动，而且相应器官的机能也正急速发展的时期。

（2）蒙台梭利教育的教学观。蒙台梭利提出，教师应为儿童提供有准备的教学环境，包括物质环境（蒙台梭利教具）和人文环境（真实与自然、结构与秩序、和谐与美感、自由和自主）。她曾经说过：“我们必须采用以自由为基础的教育方法去帮助婴幼儿获得自由。”这句话中的两个自由体现了蒙台梭利对“自由”概念的诠释。第一个“自由”是指活动的自由，在蒙台梭利教室里，婴幼儿可以自由选择教具、选择活动，自由决定“工作”时间，自由进行人际交往，没有人为的比赛和惩罚。后一个“自由”是指独立自主的人格，蒙台梭利认为，婴幼儿天生就能够以直接且积极的方式追求独立，而成长就是向更高层次的独立不断推进，因此婴幼儿照护者要把婴幼儿获得独立自主的人格作为教育的最终目标，必须以适当的方式引导孩子向独立自主的方向发展。

同时她还提出让婴幼儿在“有准备的环境”中进行环境相互作用的活动。认为婴幼儿必须通过自己的“工作”才能使自己达到心理的健康发展。在自由开放的空间中，当婴幼儿全神贯注地投入到自己选择的工作之后，他们会表现出极度的欢愉、平和与宁静，这时他们的某些需要就能得到满足，心智上也就达到了平衡、和谐。可见，“工作”首先使婴幼儿个性成长进入秩序状态，并为其继续成长创造广泛的可能性。

(三)婴幼儿教育理论的发展阶段(19世纪后期)

1.国外婴幼儿教育理论的发展

(1)精神分析理论。精神分析理论是现代西方心理学的主要流派之一,代表人物是弗洛伊德和埃里克森。精神分析是从治疗人的心理障碍发展起来的。为了治疗,弗洛伊德重视探索人的动机和行为根源,从而弥补了传统心理学的不足,改变了心理学的研究趋向。

①弗洛伊德(1856—1939)。弗洛伊德是19世纪末20世纪初奥地利著名的精神病学家和精神分析学派的创始人。在与精神病人的长期接触中,他发现许多人的发病与其童年早期经历有关,因此他提出应重视早期经历对人格形成的作用。

图1-6 弗洛伊德

弗洛伊德的人格发展五阶段包括:口唇期、肛门期、性器期、潜伏期、生殖期。其中,前两个阶段为婴幼儿教育保教工作的开展提供了有力的理论支撑。

第一阶段口唇期(0-1.5岁)。原始欲力的满足,主要靠口腔部位的吸吮、咀嚼、吞咽等活动获得满足。婴儿的快乐也多来自口腔活动。此时期的口腔活动若受限制,可能会留下后遗性的不良影响。成人中有所谓的口腔性格,可能就是口腔期发展不顺利所致。

第二阶段:肛门期(1.5-3岁)。原始欲力的满足,主要靠大小便排泄时所产生的刺激快感获得满足。此时期卫生习惯的训练,对幼儿而言是关键。如管制过严,可能会留下后遗性的不良影响。成人中有所谓的肛门性格者,在行为上表现出冷酷、顽固、刚愎、吝啬等,可能就是肛门性格的特征。

②埃里克森(1902—1994)。埃里克森是美国著名精神病医师,新精神分析学派的代表人物。他认为,人的自我意识发展持续一生,他把自我意识的形成和发展过程划分为八个阶段,这八个阶段的顺序是由遗传决定的,但是每一阶段能否顺利度过却是由环境决定的,所以这个理论可称为心理社会阶段理论。每一个阶段都是不可忽视的。

图1-7 埃里克森

埃里克森认为:0-1.5岁尤其是生命的前几个月,婴儿的目标是建立起对周围世界的基本信任感；母亲需要给婴儿提供食物和爱抚等需要的满足，婴儿也需要满足母亲的需要；建立良好的亲子关系会使婴幼儿对周围的世界产生信任感。1.5-3岁的婴儿开始表现出自我控制的需要与倾向，渴望自主并试图自己做一些事情。婴儿对权利与独立性的渴望常常与父母的要求相冲突，父母应允许婴儿自由地探索；另一方面，要给予婴儿适当的关怀和保护，帮助儿童建立自信心。

(2)行为主义理论。行为主义学派创立于20世纪初期，是西方心理学的主要流派之一，华生、斯金纳是行为主义学派不同时期的代表人物。该学派的学习理论主要是联结论(又称刺激—反映论)。这一学派的基本观点是：学习环境刺激与学习者行为之间存在联结。行为主义学派注重学习的外部条件对学习的影响，又注重学习者对环境的行为反应。

图1-8　华生

①华生(1878—1958)。美国心理学家华生是行为主义心理学的创始人。华生否认遗传在个体成长中的作用，认为一切行为都是“刺激(S)—反应(R)”的学习过程，通过刺激可以预测反应，通过反应可以推测刺激。他认为环境和教育是行为发展的唯一条件，因此，学习本质上是刺激与反应之间的联系。

图1-9　斯金纳

②斯金纳(1904—1990)。斯金纳，新行为主义的代表人物之一，他传承了华生行为主义的基本信条，但与华生不同的是，斯金纳用操作性条件作用来解释行为的获得，并认为人的行为大部分是操作性的，行为的习得和及时强化有关。

斯金纳传承了华生的行为主义基本信条，与华生不同的是，斯金纳用操作性条件作用来解释行为的获得。①

斯金纳认为：人或动物为了达到某种目的，会采取一定的行为，当这种行为的后果对他(或它)有利时，这种行为就会在以后重复出现；不利时，这种行为就减弱或消失。有目的地改变行为的后果，可以修正他人的行为。斯金纳提出的强化理论分为两种类型：正强化和负强化。正强化是在行为

① 徐红梅，王华，张同建．斯金纳强化理论在隐性知识转化中的激励价值阐释[J].情报理论与实践，2015，38(05)：51-54.

之后，呈现一种积极刺激，功能是奖励有利的行为、增加有利行为出现的次数。负强化是在行为出现后，消除厌恶刺激，功能也是鼓励有利的行为、增加有利行为出现的次数。需要注意的是，负强化不是惩罚，惩罚是通过呈现厌恶刺激来降低行为发生的频率，二者有着明显的区别。

③班杜拉（1925—2021）。班杜拉是新行为主义的主要代表人物之一，社会学习理论的创始人。他认为儿童社会行为的习得主要是通过观察、模仿现实生活中重要人物的行为来完成的。任何有机体观察学习的过程都是在个体、环境和行为三者相互作用下发生的，行为和环境可以通过特定的组织而加以改变，三者对于儿童行为塑造产生的影响取决于当时的环境和行为的性质。

图 1-10 班杜拉

班杜拉认为有机体行为的强化方式有三种：直接强化、替代性强化和自我强化。直接强化，即对学习者做出的行为反应当场予以正或负的刺激。如，托育班的小朋友帮助了他人，照护者就给她点个赞或者奖励一颗糖果，激发其他小朋友做好事的动机。替代强化，指学习者通过观察其他人实施这种行为后所得到的结果来决定自己的行为指向。如，幼儿看到同伴因讲礼貌而受到表扬时，就会增强产生同样行为的倾向；当他看到同伴因骂人而受到惩罚时，就会抑制骂人的冲动。自我强化，指儿童根据社会对他所传递的行为判断标准，结合个人的理解对自己的行为表现进行正或负的强化，自我强化参照的是自己的期望和目标。

（3）认知发展理论。认知发展理论是著名发展心理学家让·皮亚杰所提出的，被公认为20世纪发展心理学上最权威的理论。所谓认知发展是指个体自出生后在适应环境的活动中，对事物的认知及面对问题情境时的思维方式与能力表现，随年龄增长而改变的历程。皮亚杰研究认识的方法论取自生物学，他吸收了生物学中渐成论的观点，认为儿童智力的发展是先天因素和后天因素共同作用的结果。同时还吸收了康德的先验范畴理论，改造成为遗传的“图式”，康德的先验范畴论是预成论观点。而皮亚杰认为先天图式在认识发展的过程中仅处在一个起点的位置，图式主要是在儿童后天的活动中逐渐形成的。因此结构主义强调内在结构的研究，反对外部现象的描述。皮亚杰则力图通过儿童后天的活动探讨认知结构的发生和发展。

皮亚杰对认知发展研究的特殊兴趣是出于将儿童的认知发展看作是沟通生物学与认识论的桥梁，他认为通过对儿童个体认知发展的了解可以揭示整个人类认识发生的规律，从而建构起他的整个学说——“发生认识论”。

皮亚杰（1896—1980）。皮亚杰是发生认识论的创始人，也是20世纪最有影响力的认知发展理论家。皮亚杰的认知发展理论与前两种理论不同，他把注意力的重心放在智力发展、认知过程、个人完成某种逻辑运算的能力上。皮亚杰对制约儿童发展的各种因素进行了分析，认为影响心理发展的因素主要有四种：成熟、自然经验、社会经验和平衡。

图1-11 皮亚杰

皮亚杰将儿童发展分为四个阶段：感知运动阶段；前运算阶段；具体运算阶段；形式运算阶段。第一阶段是感知运动阶段（0–2岁）。此阶段儿童的认知发展主要是感觉和动作的分化，认知活动主要是通过探索感知觉与运动之间的关系来获得动作经验，形成图式。手的抓取和嘴的吸吮是他们探索周围世界的主要手段。这一时期，幼儿的语言能力和思维能力，逐渐形成客体永久性。客体永久性，即当某一物体从儿童视野中消失时，儿童知道该物体仍然存在。儿童大约9–12个月获得客体永久性。

第二阶段是前运算阶段（2–7岁）。儿童在感知运动阶段获得的感知运动图式在这一阶段开始内化为表象或形象图式，语言的发展，使得儿童的表象日益丰富，认知活动不局限于感知活动，但此阶段思维仍受具体知觉表象的束缚，难以从知觉中解放出来。此阶段儿童的思维具有不可逆性、相对具体性和以自我为中心性。

（4）成熟势力说。格赛尔（1880—1961）。是美国的心理学家和儿科医生，主张遗传决定论。他用“双生子爬楼梯实验”证明儿童学习取决于生理的成熟，支配儿童心理发展的因素有二：成熟与学习。其中更着重于成熟，他认为成熟与内环境有关，而学习则与外环境有关。他认为成熟是发展的重要条件，决定机体发展的方向和模式，因此成熟是推动儿童发展的主要动力。

图1-12 格赛尔

成熟势力说认为个体的心理发展具有方向性，如动作的发展遵循由上而下、由中心向边缘的发展规律。发展取决于成熟，而成熟的顺序取决于基因决定的时间表，因此，年龄便成为心理发展的主要参照物。

2. 国内婴幼儿教育理论的发展

（1）陶行知（1891—1946）。陶行知是我国的人民教育家，他在婴幼儿早期教育方面提出了很多进步的教育主张，他的教育思想和教育实践是流传后人的宝贵财富，被毛主席称为“伟大的人民教育家”，代表作有《幼稚园之新大陆》《如何使幼稚教育普及》等。

图 1-13　陶行知

他特别强调6岁前教育的重要性。“儿童学者告诉我们凡人生所需要的重要习惯、倾向、态度，多半可以在6岁以前培养成功。”他认为儿童具有很强的创造力，教育者应该解放儿童的头脑、双手、眼睛、嘴巴以及儿童的时间与空间，从而解放他们的创造力。他主张创办适合国情的婴幼儿教育机构，他的办园思想是“中国化”“平民化”，主张创办省钱的教育机构。他提出实施和谐的生活教育，反对束缚儿童个性的传统教学法。[①]他创造了生活教育的理论与实践，提出了“生活即教育”“社会即学校”“教学做合一”等基本观点。

（2）陈鹤琴（1892—1982）。陈鹤琴，中国现代婴幼儿教育的奠基人。陈鹤琴提出了“活教育”理论，重视科学实验，主张中国儿童教育的发展要适合国情，符合儿童身心发展规律；呼吁建立儿童教育师资培训体系。编写了幼稚园、小学课本及儿童课外读物数十种，并致力于设计与推广玩具、教具和幼稚园设备。一生主要从事一系列开创性的婴幼儿教育研究与实践，有《家庭教育》等著作。

图 1-14　陈鹤琴

陈鹤琴指出，“活教育”的目的是“做人，做中国人，做现代中国人”。“活教材”是指取自大自然、大社会的直接的书，即让儿童在与自然和社会的直接接触中，在亲身观察中获取经验和知识。活教育方法论的基本原则，是“做中学，做中教，做中求进步”。

陈鹤琴认为，儿童早期所接受的家庭教育关系着人一生的发展，具有积极的奠基作用。他认为，家长应充分挖掘家庭教育的深层意义，在家教目标上尽

① 魏波.民主教育:陶行知教育思想的内核[J].清华大学教育研究,2015,36(04):97-104.

快摆脱个人家庭的束缚，树立为国教子的大教育观。家庭教育担负着儿童体、德、智、美、劳诸方面的教育任务，教育内容也相当丰富。陈鹤琴对父母提出了以下要求：父母要尊重儿童的人格；父母步调要一致；父母要给儿童以真正的爱。

学习评价

任务名称	评价内容	评价等级				
		优秀	良好	中等	合格	不合格
婴幼儿教育的产生和发展	理解婴幼儿教育的含义					
	掌握婴幼儿教育的特点					
	熟悉婴幼儿托育机构和幼儿园的区别					
	了解斯金纳的强化理论					
	增强婴幼儿教育理论的学习兴趣					
	个人交流能力得到提升					

备注：请同学们根据自己对任务内容的掌握情况，在对应的等级打“√”。

任务二
婴幼儿教育的内容

任务描述

在上一个任务中，我们了解了婴幼儿教育的产生及发展，对婴幼儿教育的内容和要求有了初步的认识。通过本任务实施，可以使本专业学生对0-3岁婴幼儿教育的范畴和具体内容有更深入的了解。

任务准备

1. 材料准备：一张记录表、一支笔。

2. 经验准备：阅读婴幼儿教育的相关文献。

操作流程

工作表单1

思考判断

判断正误，初步了解婴幼儿教育内容的范围。请根据自身情况，仔细阅读表格中对婴幼儿教育内容的描述，判断正误，正确的打“√”，错误的打“×”。

序号	婴幼儿教育内容	正确	错误
1	母乳喂养不属于0-3岁婴幼儿保育的内容		
2	1-2岁幼儿每天睡眠时间一般为13-14个小时		
3	吞食异物是造成婴幼儿窒息的常见原因之一		
4	2-3岁幼儿每餐进餐不应该限制时间长短		
5	排除自闭症情况下，听力障碍是导致智力正常幼儿交际障碍的主要原因		

工作表单2

小组讨论

1. 个人思考：婴幼儿教育包含哪些方面的内容？

2. 分组讨论。4-6人为一组，并选出小组记录者与总结发言者。小组围绕婴幼儿教育内容展开讨论，时间3-5分钟，并填写记录表。

小组讨论记录表

序号	婴幼儿教育内容	举例论证	备注
1			
2			
3			
4			
5			

3. 每个小组逐次分享自己的观点。

4. 分类总结婴幼儿教育内容。

总结婴幼儿教育内容

分类	具体内容	备注
语言教育		
动作教育		
认知教育		
社会性教育		

任务分析

此次任务共有三个任务表，需在查阅婴幼儿教育相关资料的基础上完成。任务内容主要包括总结婴幼儿教育内容并能举例论证观点。教师在任务过程应注意拓展学生思维，并指导学生总结观点。

学习支持

0–3岁婴幼儿教育的内容主要包括语言教育、动作教育、认知教育、社会性教育四个方面。尽管从不同的作用上可划分为四个相对独立的方面，但是在具体实施的时候，并不意味着这几个方面可以完全分割开来实施。事实上，这四个方面是相互联系、密不可分的，在具体实施的时候，经常需要相互渗透、相互支持，这样才能真正达到0–3岁婴幼儿教育的预期目标。[①]

① 樊利春，张静．早期教育对儿童心理发育的影响[J]．中国妇幼保健，2005(06):767–769.

一、语言教育

主要是指以促进婴幼儿语言能力的提高为目的，在0–3岁婴幼儿的生活环境中，成人与婴幼儿所进行的一系列语言交流活动或专门的语言训练等。具体包括提高婴幼儿倾听和辨析语音的能力、理解词义的能力、口头表达能力、欣赏和阅读的能力等，核心是培养其倾听能力和口语能力。

婴幼儿的语言发展，一般要经过三个阶段：从出生到1岁，是语言前期；从1岁到1岁半，是理解语言阶段；从1岁半到3岁半，是表达语言阶段。科学研究证实，1岁半左右是婴幼儿学习语言的最佳时期。此时，婴幼儿学说话最容易而且学得很快，故应及早与孩子说话，不断与婴幼儿进行语言交流，可以诱导、启发和促进婴幼儿的语言发展。

首先，感知语言。照护者可以有意识地带婴幼儿去游乐园、超市等不同场合，给婴幼儿创造一个丰富的语言环境，引导婴幼儿感知语言。其次，重复发音。照护者在日常生活中应多与婴幼儿交流，尽量重复简单易学音节，便于婴幼儿记忆学习。最后，鼓励交流。照护者应鼓励婴幼儿与不同年龄阶段的人交际交往，这不仅能锻炼婴幼儿的语言能力，也能提高婴幼儿的社会交往能力，养成他们活泼开朗的性格。

二、动作教育

0–3岁婴幼儿的动作教育主要指对他们身体运动技能进行系统训练，具体包括大运动技能的训练和精细动作技能训练等方面。其中，大运动技能的训练主要指头颈部、躯干和四肢等幅度较大的动作，如抬头、翻身、坐、爬、站、走、跳、独脚站立、上下楼梯、四肢活动和姿势反应、躯干平衡等各种运动能力的训练。精细动作技能的训练主要指手指的动作，以及随之而来的手眼配合能力，如抓握、摇动、摆弄、拇指与食指对捏、握笔画、搭积木、穿扣眼、模仿画线、折纸、使用筷子等技能的训练。

动作教育不仅有助于增强0–3岁婴幼儿的体质、保证0–3岁婴幼儿身体的正常发育，而且能够促进其脑部神经组织的发展，是大脑成熟的“催化剂”。更重要的是，对于0–3岁婴幼儿来说，动作技能也是智能的重要内容和主要外在表现形式。而动作技能的发展又能够增强0–3岁婴幼儿对周围环境进行探索的能力，并有效扩大其探索范围，从而使其得到更多的认知和交往机会。因而，对0–3岁婴幼儿进行动作教育，也能够有效促进其认知能力和社会性的发展。

三、认知教育

认知教育主要是指对0–3岁婴幼儿的认知能力进行训练，以及在此过程中帮助0-3岁婴幼儿积累一定的知识经验。认知能力主要包括感知、记忆、注意、思维和想象等各方面的能力。必须注意的是,由于0-3岁婴幼儿的典型思维方式是直觉行动思维,其思维过程以动作为核心,尤其在语言能力形成之前,个体的认知能力主要是通过动作来表现的,因而认知教育与动作教育是分不开的。[①]

此外,0-3岁婴幼儿的认知教育还应当以感官教育为基础,注重积累具体直观的认知经验,从而为未来的抽象认知经验获得奠定坚实的基础。婴幼儿感知觉器官的功能需要相当的刺激输入和锻炼,才能得到发展。因此,应从新生儿开始,利用声音、语言、实物等刺激其听觉、视觉、触觉、嗅觉等,促进他们在看、听、摸、尝的过程中,获得各种印象,这是婴幼儿对客观世界认识的第一步,对婴幼儿智力发展也有着重要意义。

例如视觉刺激:在距离婴幼儿眼睛20-30厘米处,用颜色鲜艳或伴有响声的玩具吸引婴幼儿集中注视后,再向水平垂直方向移动,训练婴幼儿追踪;听觉刺激:照护者在婴幼儿的不同方位用说话声、玩具响声或者音乐声等,训练婴幼儿转头寻找,辨别声音方位;触觉刺激:照护者把容易抓握的玩具给婴幼儿玩耍,促使婴幼儿手掌展开,同时感受不同材质带来的不同触感。最后,当婴幼儿会走路时,应带其外出游玩,引导婴幼儿认识大自然和各种社会生活现象,帮助他们获得简单的知识,积累感情经验,发展知觉,培养其敏锐的观察力。

四、社会性教育

社会性教育是指有意识地以促进人的社会性发展为直接目标的社会活动。[②]一般认为,社会性主要包括社会认知、社会情感、社会行为技能、社会适应、道德品质和自我意识六个方面。由于社会性主要涉及个体在与他人交往时表现出来的心理特征,因而0-3岁婴幼儿社会性教育必须通过与其交往和引导其与他人交往来进行培养。例如,家长多带孩子做户外活动,引导孩子积极与其他小朋友玩耍,在游戏的过程中体验交往的快乐。

首先,培养婴幼儿良好的行为习惯,如愿意在成人引导下,按时进餐、睡觉、上厕所,能在教师提醒下,轻轻地搬椅子、积木等。其次,教导婴幼儿养成良好的卫生习惯,如学会饭前便后要洗手,不随地大小便,不乱扔垃圾等。最后,引导婴幼儿养成良好的饮食习惯,不吃零食、不偏食、不挑食、细嚼慢咽等。

---

① 刘长城,张向东.皮亚杰儿童认知发展理论及对当代教育的启示[J].当代教育科学,2003(01):45-46.

② 徐俊.作为“大德育”概念框架的“社会性教育”初探——兼论“大小德育”问题的解决之道[J].湖南师范大学教育科学学报,2017,16(03):74-82.

学习评价

任务名称	评价内容	评价等级				
		优秀	良好	中等	合格	不合格
婴幼儿教育的内容	掌握婴幼儿教育的具体内容					
	了解婴幼儿的典型思维方式是直觉行动思维					
	能举例说明婴幼儿教育内容					
	建立科学的教育内容观					
	团队协作能力得到发展					

备注：请同学们根据自己对任务内容的掌握情况，在对应的等级打“√”。

任务三

婴幼儿教育的意义

任务描述

婴幼儿教育是终身教育的起始阶段，从小培养孩子良好的品德、乐观的态度和广泛的兴趣，积极开发其潜能，将为他一生的充分发展奠定基础。

1. 小组辩论，婴幼儿教育是否有意义，并举例说明。

2. 小组讨论，总结婴幼儿教育的价值。

任务准备

1. 材料准备：观察记录表、草稿纸、笔。

2. 经验准备：阅读婴幼儿教育的相关文献。

操作流程

工作表单1

小组辩论

小组辩论，婴幼儿教育是否有意义，并举例论证。

观点1："树大自然直"，婴幼儿不需要正式教育，可以自然成长。

观点2："爱孩子这是母鸡也会做的事。可是，要善于教育他们，这就是国家的一件大事了，这需要才能和渊博的生活知识。"

小组辩论记录表

序号	有意义/无意义	备注
论据1		
论据2		
论据3		
……		

工作表单2

小组讨论

1. 个人思考：婴幼儿教育的价值体现在哪些方面？

2. 分组讨论：4-6人为一组，并选出小组记录者与总结发言者。小组围绕婴幼儿教育的价值展开讨论，时间3-5分钟，并填写记录表。

小组讨论记录表

序号	婴幼儿教育内容	举例论证	备注
1			
2			
3			
4			
5			

3. 小组轮流阐述观点。

4. 总结婴幼儿教育的价值。

小组讨论记录表

序号	婴幼儿教育的价值	举例论证	备注
1			
2			
3			

任务分析

此次任务共有两个任务表，需在查阅婴幼儿教育内容相关资料的基础上完成任务表。任务内容主要包括总结婴幼儿教育的意义并能举例论证观点。教师在任务过程中应注意拓展学生思维，并指导学生总结观点。

学习支持

婴幼儿教育是整个人生教育的起点，其教育目标是保证婴幼儿的身心健康发展，为其接受进一步教育打好基础。0-3岁是大脑发育的重要阶段，也是学习和成长的关键时期。因此，婴幼儿教育堪称“根基教育”，具有重要的价值。

一、促进婴幼儿健康成长

（一）促进婴幼儿生长发育

婴幼儿的身体正在迅速发育，他们感受到自己身体的力量，并在不断的活动中显现这种力量。如:新生儿期生长迅速,每天都会有变化;乳儿期是需要成人生活照料较多的时期;婴儿期是学会走路、说话,开始独立活动的时期。但另一方面,他们的身体还极不成熟,动作发展还不协调,自我保护能力还很差,容易受到伤害。基于婴幼儿的身心发展特点,婴幼儿的教育应融入日常生活中,如吃饭、刷牙、穿衣服、上厕所等,这些均有利于促进婴幼儿生长发育,提高身体素质。[①]

(二)促进婴幼儿健全人格的形成

身体健康是婴幼儿的第一生命。成人非常关注婴幼儿吃饱、穿暖、少生病,却容易忽略婴幼儿的心理教育。心理健康是婴幼儿的第二生命,对其未来的发展会有很大的影响。婴幼儿时期是健全人格养成的关键期,个性品质开始萌芽并初步形成。就婴幼儿而言,其自我评价尚未建立,往往以家长、老师的评价来评价自己。因此,成人应引导婴幼儿与他人谈话交流,培养婴幼儿对音乐的乐感,激发他们表现美、创造美的欲望,发展他们对艺术的想象力、创造力,有利于促进婴幼儿健全人格的形成。

(三)为适应幼儿园做准备

入园适应是托育班婴幼儿在心理与行为等方面做出系统改变的过程,也是他们融入新的环境和适应新的角色的过程。真正能够帮助婴幼儿适应幼儿园生活的是与人交往、相处的社会交往技能及良好的学习兴趣与习惯。系统专业的婴幼儿教育可以为婴幼儿提供丰富适宜的活动,促进婴幼儿社会性发展和良好习惯的养成,提升婴幼儿的生活自理能力,促使其具备独立生活和交往的能力,为适应幼儿园生活做好准备。

二、提升照护者的教育能力

(一)观念层面

目前社会上依然存在教育观念的误区,许多照护者对婴幼儿教育的重要性认识不足,认为“树大自然直”,小孩子只要吃好、喝好、玩好,不惹是生非就是“好孩子”。这种落后的教育观念,容易使照护者忽视对婴幼儿开展正规、全面的教育,导致婴幼儿“放羊式”生长。婴幼儿教育作为终身教育的起点,有着不同于其他教育阶段的特点。婴幼儿教育的主要目标是促进婴幼儿身心健康全面发展,完成这一目标离不开照护者的引导与教育。照护者通过学习婴幼儿教育,具备婴幼儿教育的基本理论知识,形成科学的儿童观、教育观,经过系统的婴幼儿教育学习,可以树立科学且具有前沿性的婴幼儿教育观念,[②]有利于婴幼

① 但菲.关于0~3岁婴儿教育的思考[J].学前教育研究,2002(03):49-50.

② 蔡迎旗,王翌.欧洲国家0~3岁婴幼儿保教服务质量提升行动及其启示[J].学前教育研究,2020(12):3-15.

儿教育活动的正常开展。

（二）能力层面

《托育机构保育指导大纲（试行）》指出：保育工作应当根据婴幼儿身心发展的特点和规律，制定科学的保育方案，合理安排婴幼儿的饮食、饮水、如厕、盥洗、睡眠、游戏等一日生活和活动，支持婴幼儿主动探索、操作体验、互动交流和表达表现，丰富婴幼儿的直接经验。婴幼儿教育能够在一定程度上提升照护者的保育和教育水平，为婴幼儿身心健康发展创设良好的教育环境，掌握科学的育儿方法，为其更好地从事托育服务工作提供过硬的技术支撑。

三、有利于构建终身教育体系

终身教育指一个人从出生到死亡不同阶段所受到的各级各类教育的总和。终身教育体系的构建以婴幼儿教育为发端，青少年时期的学校教育为主干，从业后的岗位培训、继续教育，老年教育等为重要组成部分，是贯穿人一生的终身化学习、教育体系。婴幼儿教育是终身教育的起点和基础，每个人的心理素质、道德观念、价值取向在这个时期开始萌芽并有了雏形。若在婴幼儿时期加强引导与教育，会促进婴幼儿的长远发展，能为个体一生的良好发展打下坚实的基础。

婴幼儿教育在发展过程中会不断出现新情况、产生新问题，通过学习婴幼儿教育，既可以学习前人总结的经验方法，更好地分析教育实践中出现的问题，又能将教育实践中的经验上升为科学理论，不断完善婴幼儿教育理论，为构建终身教育体系奠定基石。①

学习评价

任务名称	评价内容	评价等级				
		优秀	良好	中等	合格	不合格
婴幼儿教育的价值	理解婴幼儿教育的多重价值					
	分类举例说明婴幼儿教育的价值					
	认同婴幼儿教育的奠基作用					
	增强对婴幼儿教育的兴趣					
	个人沟通交流能力得以提升					

备注：请同学们根据自己对任务内容的掌握情况，在对应的等级打“√”。

① 陆洁萍．早期智力开发对幼儿的影响[J]．中山大学学报论丛，2006(01):220-222.

推荐阅读

[1]万迪人,谢庆.0~3岁婴幼儿早期教育事业发展与管理[M].上海:复旦大学出版社,2011.

[2]代娅丽,胡红梅.婴幼儿动作发展与训练[M].重庆:西南师范大学出版社,2021.

[3]张红.0-3岁婴幼儿教育活动设计与指导[M].上海:华东师范大学出版社,2020.

[4]麦少美,唐敏.0-3岁婴幼儿动作发展与教育[M].上海:复旦大学出版社,2011.

[5]周念丽.0-3岁儿童心理发展[M].上海:复旦大学出版社,2017.

项目小结

本项目主要介绍婴幼儿教育的基本理论知识,婴幼儿教育活动内容和价值意义三个方面的知识。首先,通过本项目的学习,学生能初步了解婴幼儿教育的概念、特点及不同教育家对婴幼儿教育的认知。其次,通过不同的任务分析,学生能初步了解婴幼儿教育活动不仅仅是身体的健康成长,还需注意观察婴幼儿的感知觉、体能、思维与良好行为习惯等方面。最后,通过此次学习,学生对婴幼儿教育的重要性有了初步认识,为更深入的探索学习打下良好的理论基础。

思考练习

1.简述婴幼儿早期教育活动内容。

2.简述婴幼儿学习关键期。

3.简述斯金纳强化理论。

实践实训

指导学生在幼儿园观察早期教育活动开展情况,并运用所学理论分析教学实践活动。

项目二

我国婴幼儿教育发展状况

项目目标

1. 了解不同类型婴幼儿教育发展的特点、问题。
2. 掌握托育机构婴幼儿教育理念。
3. 将托育机构的婴幼儿教育理念运用到实践中。
4. 掌握早教机构活动指导与托育机构活动指导的区别。
5. 具有托育教师的爱心与责任心。
6. 主动关注婴幼儿托育服务行业的政策法规。

学习重难点

学习重点：

现代托育机构中的婴幼儿教育任务、原则、理念。

学习难点：

将托育机构的婴幼儿教育理念运用到实践活动中去。

思维导图

- 我国婴幼儿教育发展状况
  - 家庭中的婴幼儿教育
    - 家庭中婴幼儿教育的发展情况
    - 家庭中婴幼儿教育的目的和内容
    - 家庭中婴幼儿教育的特点
    - 家庭中婴幼儿教育的问题
    - 家庭中婴幼儿教育的策略
  - 传统早教机构、托儿所中的婴幼儿教育
    - 传统早教机构
    - 托儿所
    - 传统早教机构、托儿所存在的问题
  - 现代托育机构中的婴幼儿教育
    - 托育机构的性质与任务
    - 托育机构保教原则

任务一

家庭中的婴幼儿教育

任务描述

各小组完成家庭中婴幼儿教育案例搜集，并分析家庭中的婴幼儿教育存在的问题，思考家庭中婴幼儿教育的目的、内容、特点及要求。

任务准备

家庭中的婴幼儿教育案例评价分析表。

操作流程

工作表单

小组合作

1. 组内分配任务，搜集关于家庭中婴幼儿教育的相关文献资料。
2. 观察或采访家庭成员，并完成下表。

家庭中的婴幼儿教育案例评价分析表

小组名称		日期	
小组成员			
案例来源	文本、观察、访谈、网络		
案例描述			
评价分析			
总结	家庭中婴幼儿教育目的		
	家庭中婴幼儿教育内容		
	家庭中婴幼儿教育特点		
	家庭中婴幼儿教育要求		

3. 汇总资料，组内讨论、分析、总结相关问题，达成小组一致意见，并做好课上分享准备。

任务分析

家庭是0–3岁婴幼儿最早且持续性最长久的生活场所，是儿童社会化的起点，也是儿童与外界环境相互作用的基地，因此，家庭教育的重要性不言而喻。只有走进现实案例，学生才能真正了解家庭中的婴幼儿教育。通过案例搜集与任务分析，学生可进一步理解家庭中婴幼儿教育的内容、目标、特征，掌握家庭中婴幼儿教育的要点。

学习支持

一、家庭中婴幼儿教育的发展情况

家庭中的婴幼儿教育是指在家庭生活中，家长(其中首先是父母)根据0–3岁婴幼儿身心发展特点对其进行的养育和施加的教育影响，是终身教育的组成部分，是婴幼儿最早接触的一种非正规教育。

从历史发展的脉络来看，婴幼儿教育伴随着人类发展的历史早已存在。在我国古代的谚语、古书中早已有对婴幼儿教养的描述，如“教子婴孩”“早欲教”等，主张对怀抱中的儿童给予及时的教育。15世纪以前，人类就已积累了一些教养婴儿的经验，如“教儿婴孩，教妇初来”。我国古书中也有一些关于婴幼儿教育的记载。颜之推在《颜氏家训》中指出：“婴稚识人颜色，知人喜怒，便加教诲，使为则为，使止则止。”朱熹也认为婴儿出生后，“乳母之教，所系尤切”。乳母必须有“宽容、慈、惠、温、良、恭、敬”等品质，主张儿童应“教之以事”，从小养成德行。这些都说明我国古代就重视儿童的教育。

我国婴幼儿教育的发展也从最早在家庭中接受教育逐步发展到在专门的托育机构中接受教育。其中大致经历了三个阶段：家庭中婴幼儿教育、传统早教机构、托儿所中的婴幼儿教育、现代托育机构中的婴幼儿教育。

二、家庭中婴幼儿教育的目的和内容

(一)家庭中婴幼儿教育的目的

1.养育与教育兼顾

由国务院妇女儿童工作委员会组织实施的《中国儿童发展纲要(2021—2030年)》为明确家庭中的婴幼儿教育提供了方向，结合0–3岁婴幼儿的发展规律，可将家庭中的婴幼儿教育目的概括为养育与教育兼顾。家长在保障婴幼儿身体健康发展、形成优良体质的同时，要促进婴幼儿智力、品德、审美等方面素养的全面提升，养成良好的行为习惯与个性品质，为婴幼儿进入社会接受幼儿园教育、学校教育奠定基础，保证婴幼儿身心健康、和谐、全面地发展。

2.社会性与科学性

社会性是指家庭中婴幼儿教育的目的和社会生活紧密联系并受社会生活的制约。正确、全面反映社会要求的家庭中婴幼儿教育的目的对婴幼儿以后的发展有着重要作用。因此,家长在确定家庭中婴幼儿教育的目的时应以社会生活为依据。科学性是指家庭中婴幼儿教育的目的的确立是要有科学依据的,要综合考虑各种因素对家庭婴幼儿教育目的的制约,更好地促进婴幼儿健康成长。

(二)家庭中婴幼儿教育的内容

1.生活知识与技能教育

婴幼儿正处在生长发育的重要时期,家庭是培养学前儿童良好的睡眠、盥洗、进餐、排泄等生活习惯的重要场所。因此,在日常生活中要教育和帮助婴幼儿养成一定的生活习惯、卫生习惯、品德行为习惯,通过创设适合婴幼儿学习生活技能的环境,让婴幼儿习得基本的生活技能和行为规范,培养婴幼儿的生活自理能力以及生活习惯。

2.人际交往技能的培养

人际交往是指人与人之间相互联系,良好的人际交往对婴幼儿自我意识的发展和心理健康的水平有着重要的影响。因此,在日常生活中要给婴幼儿营造乐于交往的氛围,要教给婴幼儿人际交往的方法,为婴幼儿树立良好的人际交往榜样。

3.认知教育

认知的发展对婴幼儿的发展起奠基作用,包括感知觉、记忆、注意、思维、想象等。我们要激发婴幼儿的学习兴趣,保护婴幼儿的好奇心和求知欲,引导婴幼儿学会社会生活中的基础知识和基本技能,促进婴幼儿语言的发展。

4.艺术能力的培养

艺术是人类感受美、表现美和创造美的重要形式,也是表达自己对周围世界的认识和情绪态度的特有方式。我们要带领婴幼儿走进大自然、感受大自然,在大自然中培养婴幼儿对美的鉴赏能力。

三、家庭中婴幼儿教育的特点

(一)首发性和终身性

家庭是婴幼儿发展过程中最早接触到的场所,是婴幼儿认识世界的开始,也是婴幼儿出生后接受教育的第一个场所,这一特点决定了家庭中婴幼儿教育在时间上优于其他阶段的教育,具有首发性的特点。终身性是指婴幼儿在成长的过程中会经历其他教育阶段,家庭中的婴幼儿教育始终是在进行的,不会因为其他因素而停止。同时家庭教育对儿童的影响是持久的,乃至终身的,这也就决定了家庭中婴幼儿教育具有终身性的特点。

（二）个性化和灵活性

托育机构的教师会因为婴幼儿多教师少而无法完全顾及每一个婴幼儿的个性化需要，进而难以针对婴幼儿的个体差异进行教育，但家庭中婴幼儿教育个性化需要却有得天独厚的优势。家长会参与孩子成长的全部过程，在充分了解婴幼儿的前提下，能比较容易从婴幼儿的实际情况出发，发现婴幼儿在发展过程中的问题并能及时、有效地解决，而且能对存在的问题防患于未然。灵活性是指父母对孩子的教育不是发生在某一特定的时间地点，而是对生活中随机发生的事件及时进行处理，灵活地采用适宜的方法对婴幼儿进行教育。

（三）全面性和生活性

家庭中婴幼儿教育的全面性是相对于教育内容而言的。家庭中婴幼儿教育是在生活中进行的，在日常生活中无时无刻不渗透着教育内容，其内容是非常全面的。主要包括感知觉、认知、想象、思维、注意、语言、运动、生活行为习惯、品德、兴趣爱好等。父母是儿童的第一任教师，父母既要保证婴幼儿生理发展的需要，同时还要对儿童进行基本生活经验和社会规范的教育。

（四）亲密性和权威性

家庭中婴幼儿教育建立在亲子血缘关系的基础上，这是家庭婴幼儿教育明显的特点。在婴幼儿面前，父母是家庭生活的组织者，父母对婴幼儿具有权威性。尤其是婴幼儿在没有独立生活之前，在物质生活、情感、道德等方面对父母有较大的依赖性，与父母形成了亲密的依附关系，因此，家庭中的婴幼儿教育就有了权威性和亲密性的双重特点。

四、家庭中婴幼儿教育的问题

（一）主观性

在家庭中对婴幼儿进行教育时，家长容易把自己的意愿强加到婴幼儿的身上，渴望在婴幼儿那里实现愿望进而得到心理补偿，带有强烈的主观性，容易忽视婴幼儿身心发展规律和年龄特征，忽视婴幼儿的需要。这样主观地对婴幼儿进行教育会对婴幼儿以后的发展产生不利的影响。

（二）非理性

非理性是指家庭对婴幼儿进行教育的过程中，往往缺乏理性的因素，不能正确评价婴幼儿。在婴幼儿时期，家长对婴幼儿的评价结果会影响婴幼儿以后的发展。客观、理性的评价能够促使婴幼儿以后更好地认识自我，而过分夸大优点或一味批评缺点都会对婴幼儿的持续发展带来不利的影响。因此，作为家长，要理性地评价婴幼儿，帮助他们更好地认识自己，扬长避短，使自己得到更好的发展。

五、家庭中婴幼儿教育的策略

《全国家庭教育指导大纲(修订)》中指出:0-3岁是儿童身心发展最快的时期。儿童的身高和体重迅速增长,神经系统结构发展迅速;感知觉飞速发展;遵循由头至脚、由大动作至小动作的发展原则,逐步掌握人类行为的基本动作;语言能力迅速发展;表现出一定的交往倾向,乐于探索周围世界;逐步建立亲子依恋关系。因此,在家庭中对婴幼儿的教育要注意以下方面:

(一)明确责任和义务

家长要明确教育子女的责任和义务,树立科学的婴幼儿教育观念,主动学习婴幼儿日常养育和照料的科学知识与方法,为婴幼儿身心健康和谐发展创造良好的条件。

(二)言传与身教相结合

家长在家庭中要以身作则,在言语表达、行为举止、情绪情感等方面做好示范,帮助婴幼儿积累生活经验、熟悉社会规则、养成健康的生活方式或良好的卫生习惯。

(三)关爱、理解和严格要求相结合

关注婴幼儿的需求,加强亲子陪伴时间,学会建立良好的亲子依恋关系,不用电子产品代替家长陪伴婴幼儿,多与婴幼儿一起进行亲子阅读;学习亲子沟通的技巧,与婴幼儿建立开放的沟通模式;关注、尊重、理解婴幼儿的情绪,合理对待婴幼儿的过度情绪化行为,培育婴幼儿的良好情绪;处理好多子女家庭的亲子关系、子女间的关系,让每个婴幼儿都得到健康发展。

(四)全面发展的教育与因材施教相结合

注重婴幼儿的全面发展,关注婴幼儿的个体差异性,有针对性地实施适合婴幼儿个性的教养策略。

学习评价

任务名称	评价内容	评价等级				
		优秀	良好	中等	合格	不合格
家庭中的婴幼儿教育	了解家庭中婴幼儿教育的发展状况					
	认识家庭中婴幼儿教育存在问题					
	掌握家庭中婴幼儿教育目的和内容					
	理解家庭中婴幼儿教育特点和要求					
	积极主动地参与小组任务,积极分享自己的观点					

备注:请同学们根据自己对任务内容的掌握情况,在对应的等级打"√"。

任务二
传统早教机构、托儿所中的婴幼儿教育

任务描述

观摩早教机构并采访2—3名机构教师，多渠道了解托儿所的工作内容及特点。完成该任务，学生可了解传统早教机构、托儿所的性质、特点，并分析其存在的问题。

任务准备

早教机构观摩记录表、采访记录表（自拟）、托儿所资料收集表（自拟）。

操作流程

工作表单

小组合作

1. 组内分配任务，搜集、准备早教机构、托儿所相关资料。
2. 到托育机构观摩、采访，并完成下表。

早教机构观摩记录表

小组名称		日期	
小组成员		观摩班级	
案例描述			
评价分析			
总结	传统早教机构性质		
	传统早教机构任务		
	传统早教机构、托儿所存在的问题		

3. 汇总资料，组内讨论、分析、总结相关问题，达成小组一致意见，并做好课上分享准备。

任务分析

通过早教机构观摩活动，学生体验早教机构一日生活流程及教学，更加深刻地理解早教机构的性质、任务、特征；通过网络资料搜集，学生对托儿所也有一定的了解；用探究式学习的方式更好地调动了学生的主观能动性，帮助学生更好地理解知识要点。

学习支持

近现代，托育性质的育婴院、婴儿教保院、托儿所逐步产生。康有为论及婴幼儿教养问题，提出凡婴幼儿出生后，满六个月即断奶，产母离开人本院，婴儿则被送到育婴院养育，一律由公立政府另请专人负责养育之责。民国时期政治家、教育家熊希龄创办婴儿教保院，对0–4岁的孩子进行养育。新中国成立以后，尤其是1978年以后，我国的婴幼儿教育得到进一步振兴和发展，《城市托儿所工作条例》《三岁前小儿教养大纲》《托儿所、幼儿园卫生保健制度》等政策法规的陆续颁布，使婴幼儿教育走上了规范化和科学化轨道。

近年来，随着经济社会的发展，越来越多的人认识到婴幼儿教育的重要性。各种形式的婴幼儿教育机构也雨后春笋般在各地涌现，由于我国的婴幼儿教育起步较晚，传统的婴幼儿教育机构主要分为早教机构和托儿所两种形式，其中早教机构以私立和连锁早教为主。

一、传统早教机构

（一）早教机构的性质

第一种是公立性质的早教机构，它主要分布在一线城市，但是数量较少且门槛极高；第二种是以营利为主要目的的私立早教机构，大多是连锁教育集团所开办，它们分布较广且数量较多，占有绝大部分市场比重。早教市场需求量大且发展过快，监管体系却尚未完善，导致近年来早教机构问题频发。

（二）早教机构的任务

1.0–3岁婴幼儿早期发展指导

促进婴幼儿智力、动作、语言、社会性等方面的发展，教育为主，照护为辅。

2.家庭教育指导

指导家长了解婴幼儿不同月龄段发展水平和特征，引导家长掌握亲子教育方法。

二、托儿所

（一）托儿所的性质

1980年颁布的《城市托儿所工作条例中》指出，托儿所是为3岁前儿童设立的集体保教机构，贯彻实行以保为主、保教并重的方针。托儿所负有教养3岁前儿童以为其父母亲参加工作提供方便的任务。为此，托儿所既具有社会福利性，又具有保育教育性。托儿所分为日托和全托两种形式，大约各占一半。

(二)托儿所的职责

1.保障婴幼儿健康

保障婴幼儿的健康是托儿所的首要任务,要贯彻执行“预防为主”的方针,实施科学育儿,控制传染病,降低常见病的发病率,不断增强儿童体质。

2.合理教养婴幼儿

托儿所需对婴幼儿实施合理教养,一切教养措施均应符合其年龄特点,并贯穿在一日生活的各环节中。

3.保证保教质量

托儿所应不断提高保教质量,分担家长教育责任。

三、传统早教机构、托儿所存在的问题

(一)质量良莠不齐

早期教育属于非义务教育阶段,尚未纳入国民教育体系当中,缺乏标准规范与监管体系。早教机构没有规定行业准入标准,导致入门门槛极低,且私立机构以营利为目的,课程体系设计缺乏科学性和针对性,影响早教机构质量。其次,早教机构的收费标准不统一。目前早教机构收费尚无统一标准,早教机构自行定价,存在收费高昂、家长追逐“高价班”或部分机构压低价格吸引生源等不良竞争情况。

(二)师资专业化水平不高且流动性大

早期教育阶段的师资培养专业化不足,大部分从业教师为学前教育专业或艺术、英语类专业毕业生,并没有系统学习过0-3岁婴幼儿教育与保育的相关课程。一般连锁早教机构会提供统一课程体系,部分私立早教机构无法提供专业化的教师培训,教师在专业技能和理论上可能存在不足,从而影响婴幼儿的学习效果。其次,早教机构的薪资与福利待遇差距较大,人员流动频繁,也会影响早教机构的教学质量。

(三)婴幼儿教育理念尚需提升

除了一些开办时间较长的早教机构或者大型连锁早教机构具备较好的服务与系统的课程外,大部分早教机构打着“早期智力”“全脑开发”的噱头吸引家长,并不能完成既定的教学目标,课程设置上也较为随意,课程体系并不统一,甚至忽视文化背景、国情等的不同,生硬引进欧美发达国家的课程体系进行知识块简单嫁接;或忽略婴幼儿全面发展原则,一味开设智力开发类课程,婴幼儿教育体系理念尚需提升。

学习评价

任务名称	评价内容	评价等级				
		优秀	良好	中等	合格	不合格
传统早教机构、托儿所中的婴幼儿教育	熟悉传统早教机构的性质与任务					
	熟悉托儿所的性质与职责					
	认识传统早教机构、托儿所存在的问题					
	合作中分工明确，探究和讨论有序进行					
	反思传统早教机构、托儿所问题的根源					

备注：请同学们根据自己对任务内容的掌握情况，在对应的等级打“√”。

任务三
现代托育机构中的婴幼儿教育

任务描述

搜集托育行业国家与地方政策法规，汇总托育机构教育理念，了解托育机构婴幼儿教育的理念，加深对现代托育机构婴幼儿教育活动的体验与认知。

任务准备

材料准备：多媒体教室、投影仪、托育机构总结分析表、笔和纸等学习用具。

经验准备：查阅托育行业国家与地方政策法规。

操作流程

工作表单1

小组合作

1.组内分配任务，搜集托育行业国家与地方政策法规。

2.汇总托育机构教育理念。

3.按要求完成表格填写。

托育机构总结分析表

小组名称		日期	
小组成员			
搜集政策、法规文件名称、文号、年份			
托育机构教育理念汇总			
总结与分析	托育机构性质、任务		
	托育机构保教原则		
	托育机构与传统早教机构的区别		

工作表单2

合作交流

小组成员汇总资料，对任务的完成情况进行分析、讨论与总结。

课堂小组汇报任务成果，教师梳理、总结相关知识点。

任务分析

本任务促进学生多方面了解托育机构，使学生了解在托育机构的活动中，是以游戏为主要形式来帮助婴幼儿获得直接经验，针对婴幼儿的早期发展需求去开发适宜婴幼儿的课程。通过完成以上任务，学生对现代托育机构具备初步的认知，便于教育活动的开展。

学习支持

在以往的社会发展体系中，0–3岁婴幼儿大多由家庭直接照顾，由母亲承担照顾婴幼儿的职责。随着社会的不断发展，父母外出工作与照顾婴幼儿之间形成冲突，0–3岁婴幼儿照顾问题逐渐演变成社会性问题。在此背景下托育机构应运而生，成为家庭照顾0–3岁婴幼儿的"帮手"，为婴幼儿提供科学、规范的照护服务，促进婴幼儿健康成长。

近年来，随着社会的发展进步，我国婴幼儿教育越来越受到社会各界的普遍关注。为促进婴幼儿照护服务发展，国务院办公厅于2019年5月颁发了《国务院办公厅关于促进3岁以下婴幼儿照护服务发展的指导意见》，从总体要求、重要任务、保障措施和组织实施四个方面对婴幼儿照护服务提出了相关意见和要求。

一、托育机构的性质与任务

（一）托育机构的性质

托育机构是为家长提供代为收托养育宝宝的服务，经有关部门登记、卫生健康部门备案，为3岁以下婴幼儿提供全日托、半日托、计时托、临时托等照护服务的托育机构。

（二）托育机构的任务

1. 创设适宜婴幼儿的发展环境

托育机构应当设置适宜的生活环境和条件，向婴幼儿提供符合生理心理需求、生长发育特点的活动、膳食、睡眠、清洁卫生等服务，做好婴幼儿每日生活安排。

2. 合理安排一日生活和活动

托育机构应当遵循不同月龄婴幼儿的生理、心理和认知发展规律，以游戏为主要形式安排活动，充分尊重个体差异，寓教于乐。

3.提供婴幼儿照护服务

托育机构应当根据不同月龄婴幼儿的生长发育特点，提供专业规范、安全健康的照护服务，促进婴幼儿早期发展。

4.做好婴幼儿日常生活健康观察

托育机构应当对婴幼儿进行全日饮食、睡眠等生活健康观察，做好日常照护记录，必要时向监护人反馈。

5.进行婴幼儿健康管理

托育机构应当配合卫生健康部门做好疾病预防控制、婴幼儿健康管理等工作。

6.提供科学育儿指导

托育机构可通过入户指导、亲子活动、家长课堂等方式，利用互联网等信息化手段，为家庭和社区提供科学育儿指导服务。

二、托育机构保教原则

（一）尊重婴幼儿

尊重婴幼儿意味着在人格上与婴幼儿是平等的，婴幼儿是人，但不是“小大人”，每一个婴幼儿都享有所规定的权利，应当秉持婴幼儿优先的理念，保障婴幼儿的合法权利。尊重婴幼儿身心发展的规律和年龄特征，关注个体差异，促进每个婴幼儿全面发展。

（二）保教并重

托育机构应贯彻“以保为主，保教并重”的原则，科学合理地安排婴幼儿的生活，在饮食、如厕、穿衣、盥洗等各项生活内容中，都贯彻保健和教育两项任务，按照国家和地方相关标准和规范，合理安排婴幼儿的生活和活动，满足婴幼儿生长发育需要，做到保中有教、教中有保。

（三）以个别教育为主，集体教育和个别教育相结合

托育机构应根据不同年龄段婴幼儿的生理特点来选择教育方式，1岁以内婴幼儿需要保育员和教师更多的照护，所以应以个别教育为主；1–2岁的婴幼儿既可以独自游戏，也有初步的社交，因此可以个别教育为主，集体教育为辅，较短时间内组织集体的小组游戏活动，在游戏活动过程中要注意婴幼儿的安全问题；2–3岁婴幼儿运动、玩耍、社会性发展能力都得到了较大发展，因此可以在个别教育、小组活动之外，适当设计、组织集体活动，如饭后散步、婴幼儿体操等，但要注意时间控制，一般以15分钟为宜。

(四)以游戏活动为主,形式多样、动静交替

以游戏为主要活动形式,托育机构应根据婴幼儿身心发展特点来组织不同类型的游戏,自由活动与集体活动相结合、室内活动与户外活动相结合,形式多样,动静交替,使婴幼儿在游戏活动中认知自我、适应环境、获得经验。

(五)以积极引导为主,尊重婴幼儿的主体性与个体差异性

托育机构应更新教育理念,尊重婴幼儿是其游戏的主体,给予婴幼儿充分的活动自由,在活动中培养婴幼儿的独立性与良好生活习惯。积极引导婴幼儿的主动性,尊重婴幼儿的个体差异性、因材施教。

(六)以生活教育为主,注重日常生活习惯的培养

婴幼儿的发展主要在生活实践中实现,他们学习的主要课程是培养以生活经验为基础的自我服务能力,因此托育机构应在一日生活环节中做好教育支持。

(七)以协同教育为主,注重家园配合

托育机构应承担起对0-3岁婴幼儿教养的社会指导责任,积极与家长建立联系制度,以家庭访问、家长沙龙、托育机构开放日等多样化的形式去帮助家长树立科学的婴幼儿教养观念,家园共育,共同促进婴幼儿的健康发展。

学习评价

任务名称	评价内容	评价等级				
		优秀	良好	中等	合格	不合格
现代托育机构中的婴幼儿教育	学习态度端正、积极主动,重视自主探索,重视学习过程的反思					
	能采取合作学习的方式,并在合作中分工明确地进行有序和有效地探究					
	认真完成课前任务,认真参与课堂学习,积极思考、勇于表达					
	对托育行业相关政策、法规的了解程度					
	理解托育机构的性质与任务					
	熟练掌握托育机构保教原则					
	理解托育机构教育理念					

备注:请同学们根据自己对任务内容的掌握情况,在对应的等级打"√"。

推荐阅读

[1]夏莹.婴儿教育学[M].上海:复旦大学出版社,2011.

[2]张家琼,李丹.0-3岁婴幼儿家庭教育与指导(第二版)[M].北京:科学出版社,2020.

[3]徐小妮.0-3岁儿童早期教育概论[M].上海:复旦大学出版社,2021.

项目小结

本项目主要介绍不同类型机构的婴幼儿教育特点,早教机构、托儿所的弊端。现代托育机构的优势、任务、原则与理念,属于理论基础模块,学生做初步了解即可,主要掌握托育机构相关知识,树立托育教师正确的婴幼儿教育观念。

思考练习

1.什么是家庭中的婴幼儿教育?

2.家庭中的婴幼儿教育要求是什么?

3.家庭中的婴幼儿教育的特点是什么?

4.什么是托育机构?托育机构有什么任务?

5.托育机构有哪些教育理念?

实习实训

尝试拟写一份托育机构活动方案。

项目三

婴幼儿教育活动的要素、原则和方法

项目目标

1. 了解婴幼儿教育活动的基本要素及各要素之间的关系。
2. 掌握婴幼儿教育活动应当遵循的原则及常用的方法。
3. 运用婴幼儿教育活动的常用方法来组织活动。
4. 培养对婴幼儿教育活动的专业自信。
5. 培养对婴幼儿托育服务事业的社会责任感和使命感。

学习重难点

学习重点：

1. 了解婴幼儿教育活动的基本要素及各要素之间的关系。
2. 掌握婴幼儿教育活动的基本原则和常用方法。

学习难点：

将常用的婴幼儿教育活动方法应用到具体的婴幼儿教育实践活动中去。

思维导图

- 婴幼儿教育活动的要素、原则和方法
  - 婴幼儿教育活动的要素
    - 婴幼儿
    - 婴幼儿照护者
    - 婴幼儿教育活动内容
    - 婴幼儿教育活动环境
  - 婴幼儿教育活动的原则
    - 婴幼儿教育活动的一般原则
    - 婴幼儿教育活动的特殊原则
  - 婴幼儿教育活动的方法
    - 直观形象法
    - 引导参与法
    - 生活教育法
    - 游戏教育法

任务一
婴幼儿教育活动的要素

任务描述

通过分析案例《无助的小芳》，了解婴幼儿教育活动的构成要素及各要素之间的有机联系。感知与理解婴幼儿教育活动的专业性，努力在婴幼儿教育工作中综合发挥各要素的功能。

任务准备

材料准备：多媒体教室、投影仪、案例《无助的小芳》、笔和纸等学习用具。

经验准备：查阅教育学教材的相关章节，了解教育活动的构成要素。

操作流程

工作表单1

案例分析

无助的小芳

小芳是刚刚毕业的非师范院校的专科学生，一个偶然的机会她进入了一家托育机构工作。她发现孩子们并不像她想象的那样“听话”，有好几次，她提出要求的时候，有好几个“调皮”的孩子故意和她对着干。

原来她以为，一个大学生来教小朋友还不容易？靠着一张嘴巴讲讲故事、唱唱儿歌，教小朋友们做做手工、做做游戏，让他们有事做就行了。可是，她发现现实并不像她想得那么简单：平时看起来乖巧可爱的小孩子，在班级里不太喜欢听她讲故事、唱歌，也不听她引导，反而在这些时候喜欢东奔西跑，班上总是乱哄哄的……小芳感到很无助，不知道到底该怎么办。

1.案例中的小芳遇到了哪些困难？

2.婴幼儿照护者仅仅靠一张嘴巴就可以吗？

3.除了照护者和婴幼儿外，构成婴幼儿教育活动的还有哪些要素？各要素之间有什么关系？

工作表单2

小组讨论

根据工作表单1，在小组内分享自己的观点，每个小组选出代表陈述本组观点，并记录其他小组的不同观点。

问题序号	本组观点	其他小组的观点（相同点可不计）
1		
2		
3		

任务分析

本任务能够激发学员对婴幼儿教育活动专业性的兴趣及思考，了解构成婴幼儿教育活动的各个要素及其之间的关系，提前了解将来在托育工作中可能遇到的一系列问题，认识到婴幼儿教育工作并不是想象中的那么简单，使他们的学习更有针对性和目的性。

学习支持

婴幼儿教育活动是在特定的环境条件下，照护者和婴幼儿共同开展的一种活动。广义的婴幼儿教育活动是指对受教育者——婴幼儿，施加教育影响的一切活动；狭义的婴幼儿教育活动专指在托育机构实施的活动。构成婴幼儿教育活动的基本要素有：婴幼儿、婴幼儿照护者、教育活动内容以及教育活动环境，这四种要素相互影响、相互作用，共同构成了整个的婴幼儿教育活动。

一、婴幼儿

0–3岁的婴幼儿在身体、心理和行为习惯的养成等各个方面都发展迅速，这为婴幼儿教育活动的开展提供了条件支持，也提出了相关要求。

首先，婴幼儿大脑发育迅速。新生儿大脑占成人脑重量的25%，到2岁时已占成人脑重量的75%，6岁时已接近成人的水平，这为婴幼儿教育活动的开展提供了物质基础。

其次，0–3岁婴幼儿身体发育和机能增长十分迅速，具体体现在身高、肢体比例、骨骼的生长和动作技能的掌握等方面。

再次，婴幼儿语言的发展。婴儿大约从第9个月开始，咿呀语的出现频率达到高峰，已能重复不同音节的发音，还能发出同一音节的不同音调；1岁到1岁半开始说出有意义的单词；约从1岁半到2岁开始出现由双词或三词组合在一起的语句(电报句),同时开始说出结构完整的、无修饰语的简单句,这个年龄的婴幼儿基本能无障碍地和成年人进行日常交流,这为婴幼儿教育活动的有效开展奠定了语言基础。0–3岁婴幼儿的言语发展如表3–1所示。

表3–1 0–3岁婴幼儿言语发展

序号	年龄	语言发展阶段	总体划分
1	出生到3个月	简单发音阶段	言语发展的准备阶段
2	4个月到8个月	连续音节阶段	
3	9个月到12个月	学话萌芽阶段	
4	12个月到18个月	正式开始学话、单词阶段	初步掌握言语阶段
5	18个月到2岁	简单句阶段,掌握最初步的言语阶段	
6	2岁到3岁	复合句子的发展,掌握最基本的言语阶段	

备注:三岁前的婴幼儿言语发展的六个阶段,不能绝对划分,但每个阶段都可以以它新的、质的特点和其他阶段相区分。

最后,婴幼儿认知的发展。0–3岁婴幼儿的思维发展是以直觉行动性思维为主,并逐渐发展其直观形象思维。婴幼儿行走、抓握等动作技能的发展,使其具备了学习、探索世界的能力,大大促进了他们感知觉、思维及整合能力的发展。3岁前婴幼儿的认知能力是其所有能力、技能、情感、行为习惯等发展的基础,是婴幼儿教育活动设计与实施的基础。

二、婴幼儿照护者

婴幼儿照护者与婴幼儿在教育活动过程中相互依存、相互影响,凡是为婴幼儿健康成长提供照护服务、对婴幼儿实施教育影响的人以及对教育活动承担教育责任的人都属于婴幼儿照护者,他们是教育活动的主导者。“人生百年,立于幼学”,对于整个教育体系而言,婴幼儿教育是基础的基础。婴幼儿照护者担负着教养、教育3岁以下幼小儿童的重要任务,是教师队伍中不可或缺的重要力量。婴幼儿照护者自身的素质在一定程度上直接关系着婴幼儿的健康成长、成才,关系着国家和民族的未来。由于婴幼儿教育的对象为3岁以下的、自理能力较差和认知能力较弱的婴幼儿,这也使得托育行业对婴幼儿照护者的要求较高:不仅要接受过专业的婴幼儿照护教育或培训,取得育婴员、保育师、婴幼儿发展引导员等职业资格证,而且要掌握相应的日常保健、急救技能,还应当富有爱心、具备高尚的品德。

(一)专业理念和职业道德

首先,要理解和认同婴幼儿照护行业。婴幼儿照护者应当热爱本职工作,熟悉婴幼儿教育和保育的工作内容。其次,要关心和爱护婴幼儿,将婴幼儿的生命安全和身体健康放在第一位，尊重婴幼儿的人格、保障婴幼儿的合法权利，公平公正地对待婴幼儿。再次，要在遵循婴幼儿身心发展规律和教育规律的基础上，做好保育和教育工作，注重自身修养与言谈举止对婴幼儿发展的重要影响和作用；最后，要富有爱心、细心、耐心和责任心，关心爱护每一个婴幼儿。

（二）专业知识

婴幼儿照护者要了解国家和地方有关婴幼儿生存、发展和保护的法律法规与方针政策；掌握不同年龄段婴幼儿的身心发展特点、规律及促进婴幼儿身心健康、和谐发展的方法；掌握0–3岁婴幼儿教育和保育的知识，保教结合，重在保育；了解托育机构与幼儿园衔接的有关知识与基本方法。

（三）专业能力

1.环境创设和利用的能力

婴幼儿照护者要能与婴幼儿建立良好的关系，协助婴幼儿之间建立良好的同伴关系，营造良好的班级氛围，使婴幼儿感到安全、愉悦；创设有利于婴幼儿成长、学习、游戏的物质环境，为婴幼儿提供和制作玩教具，引导和支持婴幼儿主动参与活动。

2.保育和一日生活的组织

能遵循保教结合原则，合理安排和组织婴幼儿一日生活的各个环节，将教育灵活地渗透到一日生活中，并能对婴幼儿进行适时教育；能对婴幼儿进行科学的日常生活照料和养育，妥善处理日常生活中的突发事件，优先、有效地保护婴幼儿。

3.以游戏为基本形式组织与实施婴幼儿教育活动

婴幼儿教育活动要以游戏为基本形式。能根据教育目标和婴幼儿的发展需要，制订教育活动计划和方案，在教育活动中用心保护、观察婴幼儿，根据婴幼儿的表现和需要做出适时调整、给予适宜的指导，给婴幼儿提供更多参与探索、交流合作、表达表现自己的机会，支持和促进婴幼儿的自主学习；能根据婴幼儿的年龄特点、兴趣爱好和发展目标，创设开展各种游戏的条件；能提供丰富、适宜的游戏材料，引发、支持和促进婴幼儿的游戏；能鼓励婴幼儿主动、创造性地开展游戏，使婴幼儿充分体验游戏的快乐和满足，引导婴幼儿在游戏活动中获得身体、认知、语言和社会性等多方面的发展。

4.善于激励与评价

能有效地运用观察法、谈话法、作品分析法等多种方法，善于与婴幼儿家长联系、沟通，客观、全面地了解和评价婴幼儿；能善于发现和赏识每个婴幼儿身上的优点和进步，注重激发和保护婴幼儿参与活动的积极性、主动性和自信心。

5.良好的沟通协作能力

能善于倾听婴幼儿的心声，与婴幼儿进行有效的沟通；善于与同事对话交流、共同成长；能协助托育机构与婴幼儿家庭、社区进行良好的沟通，共同促进婴幼儿的健康和谐发展。

三、婴幼儿教育活动内容

婴幼儿教育活动内容是教育活动的载体和核心，体现在托育机构一日生活的方方面面。尊重婴幼儿、保障婴幼儿的基本权利，使婴幼儿得到健康和谐发展已经成为婴幼儿照护工作者的共同目的。婴幼儿托育机构的主要任务是遵循保育和教育相结合的原则，在保障婴幼儿身体安全、健康成长的基础上，对婴幼儿实施德、智、体、美、劳全面发展的教育。婴幼儿教育活动的内容需要综合考虑社会的期望、家长的需求以及婴幼儿个体成长发展的需要，较好地融于一日活动和保育工作过程中，具有启蒙性、综合性和内隐性的特点。若按照婴幼儿学习的领域划分，可相对划分为健康、语言、社会、科学、艺术五个领域。本教材在项目一任务二“婴幼儿教育内容”中已经从发展角度对婴幼儿教育内容的基本范畴做了详细阐述。就实际操作而言，婴幼儿教育活动的内容应当整合婴幼儿学习与发展的各个维度，关注活动的生活化、强调活动主体的主动性。

（一）教育活动的生活化

婴幼儿教育要避免直接的知识灌输，而应当学习身边与生活相关的简单知识经验，借助外界辅助材料引导婴幼儿在探索和实践中获取知识。应该从婴幼儿的生活入手，从身边的生活中去汲取营养，选择与婴幼儿生活密切相关的内容进行教育。照护者在组织婴幼儿一日活动中，力求从婴幼儿的生活中寻找教育的内容，探索生活中的物品，使婴幼儿在真实自然的生活情境中获取有关经验。

另外，婴幼儿需要了解和掌握的基本活动方式往往也存在于他们的日常活动中。例如，照护者可以帮助婴幼儿认识自己的身体部位，教育他们学会保护自己、发展自我；引导他们观察生活环境，帮助他们学会遵守规则、适应环境。总之，照护者应当有“生活处处蕴涵教育”的意识，抓住时机，充分发挥教育活动在德、智、体、美、劳等多方面的价值。

（二）活动主体的主动性

照护者不放手，婴幼儿得不到成长。基本的生活自理能力、自我保护能力、倾听和表达能力、人际交往能力、思维能力、创造能力等是婴幼儿教育内容的重点。婴幼儿这些能力的发展需要在亲自实践的过程中实现，照护者应当学会放手、创造条件，鼓励婴幼儿亲自参与游戏、学会表达、乐于交往，发展婴幼儿自主解决问题的能力，在活动中促进婴幼儿各项能力的发展。

四、婴幼儿教育活动环境

教育活动环境是教育过程中所需的场地、设备、教具、玩具等物质资源，是支持活动开展的必备手段。婴幼儿教育活动环境是指影响婴幼儿身心发展的外部物质和精神因素所构成的系统，是支持和影响婴幼儿照护者与婴幼儿在托育机构内的一切外部条件的总和。环境作为一种“隐性课程”，在开发婴幼儿智力、促进婴幼儿个性发展方面发挥着“润物细无声”的重要作用。良好的活动环境对婴幼儿的成长发展具有积极的促进作用：不仅可以发展婴幼儿的认知能力，而且对于塑造婴幼儿健康的人格也有着十分重要的作用。婴幼儿教育活动环境主要有托育机构环境、社区环境与家庭环境。

（一）托育机构环境

就一般环境而言，托育机构是一种特殊的环境。意大利著名教育家蒙台梭利认为：“教育的基本任务是让幼儿在适宜的环境中得到自然的发展，教师的职责在于为幼儿提供适宜的环境。”我国近现代儿童教育家陈鹤琴提出，幼儿园环境是“幼儿所接触的，能给他以刺激的一切物质”。托育机构环境是指在托育机构中对婴幼儿身心发展产生影响的一切物质与精神要素的总和，涵盖托育机构的全体工作人员、婴幼儿、托育机构设施设备、空间布局，以及各种信息要素；是专门为婴幼儿设置的，符合婴幼儿的身心发展特点和自身发展需要，是有目的、有组织、有计划的，对促进婴幼儿健康发展具有重要的作用，具有其他环境不可比拟的优越性。托育机构的环境具有以下特点：

1.环境的教育性

在托育机构教育活动中，环境创设不仅有美化的作用，更是教育者有效实现教育目的的重要方法。让环境去说话，让环境去浸染和引导婴幼儿应有的行为，良好的托育机构环境具有教育功能，能够为实现教育目标服务。

2.环境的可控性

一方面，社会上的精神、文化产品和各种儿童用品等在进入托育机构时，会经过工作人员的精心筛选、甄别，以有利于婴幼儿身心健康和谐发展为选择标准；另一方面，婴幼儿教育工作者会根据教育的目的、要求及婴幼儿的特点，有效地调控托育机构环境中的各种要素，维护环境的动态平衡，使之始终保持在最适合婴幼儿身心发展的最佳状态。

（二）社区环境

社区在婴幼儿成长发展过程中的作用不容忽视，托育机构中的婴幼儿照护者和家长应当注重开发和利用社区环境，加强与社区的互动合作，借助社区公共设施来为婴幼儿教育活动的开展创造条件，如充分利用社区内的儿童活动设施、场所、活动材料和社区活动室内的儿童类书籍。另外，社区居民的言谈举止、邻里关系、长辈的教养态度和教育方式以及整个社区的自然环境和精神风貌都直接或间接地影响着婴幼儿的发展。因此，应当加强社区整体物质环境和精神环境的营造，有效利用社区环境来补充和深化婴幼儿教育。

（三）家庭环境

家庭是婴幼儿启蒙教育的第一站，家庭对婴幼儿来说，其重要性不仅体现在“现在”，更关系到“将来”。家庭环境是婴幼儿健康成长的重要场所，是托育机构、学校教育和社会教育的基础和支撑，家长的一举一动都会对孩子的行为产生潜移默化的影响，良好的家庭环境能为婴幼儿各种潜能开发奠定良好的基础。因此，家庭环境在婴幼儿教育活动过程中的重要性不容忽视。家庭环境是儿童发展最初的，也是最重要的环境，它包括物质和心理两个方面。

1.物质环境

家庭的物质环境包括家庭的经济状况，衣、食、住、行的条件等，家长有责任和义务为婴幼儿的健康成长创设良好的物质环境。

2.心理环境

家庭心理环境则是由家庭成员的精神生活内容所构成的。从某种程度上来讲，家庭心理环境对婴幼儿的影响更大。家庭心理环境是以父母的情绪感染为核心，通过家庭的物质生活条件、人际关系、生活方式、文化素养等反映出来的由家庭成员的情感、兴趣、爱好、态度、言行等综合而成的心理时空。家庭和睦、互相尊重、彼此理解、态度和善等家庭心理环境是积极向上的，对婴幼儿良好性格的养成和健康成长具有促进作用。

学习评价

任务名称	评价内容	评价等级				
		优秀	良好	中等	合格	不合格
婴幼儿教育的基本要素	认识婴幼儿教育活动的各个构成要素					
	理解婴幼儿教育活动对象的特殊性					
	了解婴幼儿照护者应当具备的专业知识和能力					
	掌握婴幼儿教育活动内容的划分方式					
	理解婴幼儿教育活动环境的构成和特点					
	能够整合各种教育资源，为婴幼儿教育活动服务					

备注：请同学们根据自己对任务内容的掌握情况，在对应的等级打“√”。

任务二
婴幼儿教育活动的原则

任务描述

通过分析案例《苦恼的妈妈》，帮助学生们树立正确的儿童观，了解婴幼儿教育活动应当遵循的基本原则，并能将这些原则落实到具体的婴幼儿教育实践中。

任务准备

1. 材料准备：多媒体教室、投影仪、案例《苦恼的妈妈》、笔和纸等学习用具。

2. 经验准备：查阅教育学教材的相关知识点，了解教育活动中应当遵循的基本原则。

操作流程

工作表单1

案例分析

苦恼的妈妈

苗苗两岁半了，妈妈最近在要求她背乘法口诀表，但苗苗再怎么努力都记不住，还忍不住东张西望、不认真背，妈妈担心苗苗有注意力障碍。在妈妈严厉的责骂声中，苗苗无助地哭起来，坚持把一个简单的公式反复背了十几遍，最后还是容易记混淆。妈妈认为：这么简单的公式苗苗都记不住，真的是太笨了。苗苗妈妈为此事一直很苦恼。

1. 你认为苗苗的妈妈担心和苦恼有必要吗？

2. 你认为苗苗为什么喜欢东张西望、记不住乘法口诀？

3. 如果你是托育机构的工作者，会如何帮助苗苗妈妈消除烦恼？

4. 苗苗妈妈违背了婴幼儿教育活动的什么原则？

5. 你认为婴幼儿教育活动还应该遵循哪些原则？

工作表单2

小组讨论

根据工作表单1，在小组内分享自己的观点，每个小组选出代表陈述本组观点，并记录其他小组的不同观点。

问题序号	本组观点	其他小组的观点(相同点可不计)
1		
2		
3		
4		
5		

任务分析

通过小组讨论分析，使学生了解到案例中苗苗妈妈所违背的教育原则，同时能够发现并归纳出其他的教育原则，尤其是婴幼儿教育活动所特有的教育原则，并能将这些原则应用到以后的婴幼儿教育工作中去，着重培养学生发现问题和自主解决问题的能力。

学习支持

婴幼儿教育活动的原则是以儿童早期发展理论为基础的，是婴幼儿照护者在遵循婴幼儿身心发展特点和规律的基础上、结合婴幼儿教育活动目标和任务并在长期的婴幼儿教育实践活动中探索出来的、在教育活动中应当遵循的基本要求。婴幼儿照护者不但要考虑客观的教育要求，而且要十分重视儿童的成熟状况和发展的可能性。婴幼儿教育活动的原则主要包括两个部分：一般原则和特殊原则。

一、婴幼儿教育活动的一般原则

婴幼儿教育的一般原则是各级各类教育活动都应该遵循的基本原则，它反映了对所有教育者的一般要求，也是共性要求。

(一)尊重儿童的人格尊严和合法权益的原则

1959年11月20日，联合国大会通过的《儿童权利宣言》明确规定了“儿童应享有健康成长和发展、受教育的权利”。儿童应受到特别保护，在其自由与尊严有保障的条件下，在身体、心智、道德、精神和社会等方面也应得到相应的发展。20世纪90年代起，我国相继制定并不断修订了涉及儿童权利的《中华人民共和国未成年人保护法》《中华人民共和国教育法》等法律，明确规定要尊重儿童、以儿童为本。

作为婴幼儿教育对象的婴幼儿首先是一个人，享有人的尊严和权利，因此婴幼儿教育活动的开展需要以婴幼儿为本。婴幼儿身心发育尚不成熟，是需要被照护的对象，但其作为独立的社会个体，又有自身的独立人格、权利和尊严。《中华人民共和国未成年人保护法》第四条明确规定：处理涉及未成年人事项，应当“尊重未成年人人格尊严”。

（二）主体性原则

现代教育学观点认为：谁获取知识谁就是课堂的主体。儿童作为学习的主体，只有儿童积极参与、主动建构，课程内容才能内化成为他们的学习经验，进而促进其身心发展。

婴幼儿成长发展是婴幼儿教育活动的根本目的，也是发展的根本动力，“以婴幼儿的发展为本”应当成为婴幼儿教育活动的核心理念。因此，婴幼儿教育活动的开展必须建立在尊重婴幼儿人格尊严和合法权益的基础之上，尊重婴幼儿的个人意愿，接纳和理解婴幼儿的行为；应将促进婴幼儿的发展作为出发点和落脚点，使每一个婴幼儿都能够参与到教育活动中，享受学习与成长的乐趣，发展自己的个性。

（三）发展适宜性的原则

教育的出发点和落脚点是促进儿童身心健康和谐发展，通过教学活动使每个孩子都能在现有的基础上获得最大限度的发展和提升。正如维果斯基的“最近发展区理论”所说的那样，教学应着眼于学生的最近发展区，为学生提供带有难度的内容，调动学生的积极性，发挥其潜能，超越其最近发展区而达到下一发展阶段的水平；教学要想对儿童的发展发挥主导和促进作用，就必须走在儿童发展的前面。

根据婴幼儿身心发展的基本规律，婴幼儿教育活动必须避免“正规化”的训练或过早的智力开发，应当考虑婴幼儿生理与心理的“负荷量”，瞄准孩子发展的关键期进行适度教育，避免揠苗助长、凌节而施。另外，应当根据婴幼儿身心发展需求，给予孩子充分的爱和足够的安全感，筑牢孩子一生健康成长的根基。

（四）健康和谐发展的原则

我国教育的根本目的是使受教育者在德、智、体、美、劳各个方面得到健康和谐的发展，这也是各级各类教育必须遵循的原则。

婴幼儿教育是整个人生的启蒙教育，是人类终身教育发展的基础。3岁之前，婴幼儿的身体运动、认知发展、交流技能、情绪情感、适应性、社会性品质的发展都处在十分关键的时期，它们相互联系、相互影响。过去，人们更多地关注婴幼儿身体上的健康，往往忽视了其心理和社会方面的健康，致使一些婴幼儿情绪波动较大，害羞、封闭、孤僻或自私，不知道如何与他人交往，不愿意和他人分享。

婴幼儿教育应当注重对婴幼儿身体方面、心理方面和社会适应能力等方面的综合培养：既要预防疾病，加强营养和锻炼，使婴幼儿拥有健康的体魄，又要培养婴幼儿良好的情绪，注重其健康、积极的情感培育，还要培养婴幼儿探索环境、适应社会的能力，使其具有良好的社会交往能力。

（五）引导启发的原则

在世界教学发展史上，启发式教学原则是孔子最早提出的。孔子认为，“不愤不启，不悱不发”，即任何学习活动都要建立在学生自觉需要的基础上，应当充分调动学生的主动性和积极性。启发式教学原则要求“启而能发，发而能导，导而能活，活而不乱”，教师应能够围绕教学目标激起学生积极的思维活动。

一些婴幼儿照护者在日常生活中，由于担心孩子做得不好或制造麻烦而喜欢包办代替，造成婴幼儿没有思考和成长的空间，丧失应有的自我行为和思考的主动性，在后续成长过程中也会出现退缩、自卑、缺乏主动性等问题。0–3岁婴幼儿的智力发展处于感知运算阶段（0–2岁）和前运算阶段（2–7岁）的萌芽期，婴幼儿照护者应当利用婴幼儿的直接感知和亲身体验，帮助婴幼儿养成良好的行为习惯。

（六）关注个体差异的原则

在教育过程中，教育者应当在关注全体教育对象的基础上，重视个体差异，做到因材施教：按一定的教学目标，针对学生的个别差异和具体特点，采取不同的教学措施。教师在教学活动中，从学生的实际出发，根据不同教学对象的具体情况，采取不同的方式和方法，进行差异性教育，使每个学生都能在各自原有的基础上得到自己充分的、最好的发展。

0–3岁的婴幼儿正处于个性萌芽时期，其兴趣、性格、个人需求、能力等都各有特点，每个婴幼儿都具有不同的发展可能性。婴幼儿照护者面向全体婴幼儿、关注每个婴幼儿的同时，还应当关注每个婴幼儿的特殊需求和个性特点，有针对性地重视每个婴幼儿的个体差异性，充分挖掘他们各自的潜能，从而促进每个婴幼儿在不同水平上的发展进步、实现不同婴幼儿在不同领域的个性发展。

（七）多方合作共育的原则

教育者必须认识到儿童自身、群体、家庭、社区和社会都是宝贵的教育资源，要充分发挥他们的综合教育功能。教育仅仅局限在校园内是不够的，应充分利用来自家庭、社区和社会等多方面的教育资源，发挥各类教育环境和各种力量的合力作用，多方合作共育。

婴幼儿成长过程中，可以从家庭、社区和社会等不同领域获取人力和物力的支持。因此，托育机构应当积极调动这些资源，集思广益、集中力量开展婴幼儿教育。单方面的力量是有限的，婴幼儿教育不能仅仅依靠或局限于托育机构，而应当从“立根本、谋未来”的高度出发，将婴幼儿群体、家庭、社区、托育机构、社会等多方面的教育资源充分利用起来，积极推动机制共建、多方共联、资源共享、协同共治，形成婴幼儿教育合力，构建“大教育”格局，共同促进婴幼儿健康成长。

二、婴幼儿教育活动的特殊原则

婴幼儿教育活动的特殊原则，是根据婴幼儿教育的特点提出来的托育机构婴幼儿照护者应该遵循的原则，反映了对婴幼儿照护者的特殊要求，也是个性要求。

（一）保教结合、重在保育的原则

保教结合是我国幼儿教育的显著特点，随着人类对自身研究的不断深入，特别是对幼儿身心发展研究的日益加深，遵循保教结合原则显得更为重要。《中华人民共和国未成年人保护法》第一章第四条明确规定：“保护未成年人，应当坚持最有利于未成年人的原则。”处理涉及未成年人事项，应当符合“适应未成年人身心健康发展的规律和特点”“保护与教育相结合”等要求。

婴幼儿正处于身体快速增长及脑神经发育期，照护者应当从婴幼儿身心发展的特点出发，坚持保教合一，尤其需要重视对婴幼儿生活方面的照料和保护。保育和教育是相依相存，不可分割的一个整体。在婴幼儿教育活动中，照护者应当将教育内容融入日常保育活动中，在同一过程中贯彻保中有教、教中有保、保教结合、重在保育的原则。

（二）寓教于游戏的原则

1959年11月20日，联合国大会通过的《儿童权利宣言》提出：“儿童应有游戏和娱乐的充分机会。”游戏最符合婴幼儿的年龄特点和身心发展需求，对孩子的吸引力和教育价值较大，能够有效地促进婴幼儿的身心发展，应当成为婴幼儿主要的教育活动方式。婴幼儿照护者应当寓教于游戏之中，引导婴幼儿在游戏中学习、在游戏中发展、在游戏中体验成长的快乐。

婴幼儿处于身心快速发展的关键期，对游戏的主题、种类、内容、材料等需求也在不断发展变化，婴幼儿照护者应当重视婴幼儿对游戏的不同需求及游戏自身所蕴含的教育价值，努力为婴幼儿游戏创造条件，营造多样化的游戏场景，并适时对婴幼儿加以引导、给予支持。

(三)品格塑造为先的原则

“三岁看大,七岁看老。”婴幼儿正处于品格塑造的启蒙阶段,照护者应当与家长、社区携手,共同营造促进婴幼儿品格养成的良好氛围,培养婴幼儿的良好习惯和行为方式,推动品格教育、助力婴幼儿健康全面成长。“做事先做人,做人先立德。”照护者应当帮助婴幼儿树立正确的价值观,培育婴幼儿乐于助人、关爱他人、学会分享等良好的个人品德;教育婴幼儿遵守社会公德、增强婴幼儿的社会责任感,使婴幼儿从小养成好的思想、品德、习惯和人格;培养婴幼儿与他人、与社会、与自然和谐相处的能力。

(四)生活化与一日生活整体性原则

基于婴幼儿生理、心理的发展特点,对婴幼儿的教育要特别注重生活化,寓教育于一日生活之中,注意发挥一日生活的整体功能。婴幼儿一日生活中的各项活动都是为婴幼儿身心发展服务的,具有重要的保育和教育意义。因此,各种活动要有机统一为一个整体,在共同的教育目标下形成合力,发挥教育的整体功能。

婴幼儿照护者应当充分认识一日生活中各个环节的教育价值,有效地将日常生活活动与教育活动相结合,发挥保教结合的整体功能。

学习评价

任务名称	评价内容	评价等级				
		优秀	良好	中等	合格	不合格
婴幼儿教育的基本原则	了解婴幼儿教育活动的一般原则					
	掌握婴幼儿教育活动的特殊原则					
	将教育的活动原则灵活运用于具体的实践					
	将日常生活与教育活动相结合,发挥保教结合的整体功能					
	树立科学的儿童观和教育观					
	在教育活动中关爱、尊重每一位婴幼儿					

备注:请同学们根据自己对任务内容的掌握情况,在对应的等级打“√”。

任务三
婴幼儿教育活动的方法

任务描述

通过分析案例《认识橘子》，比较不同老师用不同的教学方法所带来的不同的教学效果，帮助学生们了解几种常用的婴幼儿教育活动方法，并能根据婴幼儿身心发展规律将这些方法熟练地应用在托育教育实践中。

任务准备

1. 材料准备：多媒体教室、投影仪、案例《认识橘子》、笔和纸等学习用具。

2. 经验准备：查阅教育学教材的相关知识点，了解常用的教育方法。

操作流程

工作表单1

案例分析

认识橘子

托育(1)班的张老师在组织婴幼儿认识橘子的时候，在黑板上挂了不同橘子的图片，告诉小朋友们它们的名字、颜色、味道、形状、用途等，小朋友们兴致不高，一会儿就开始走神、打闹，教室里闹哄哄的。

托育(2)班的陈老师则带来了几种不同品种的橘子，把小朋友们分成几个小组，引导小朋友们观察橘子的形状(圆圆的)和颜色(橘黄色)，试着摸一摸橘子的表皮，闻一闻橘子的气味，最后把橘子剥开，让小朋友们都尝一尝不同橘子的味道(酸酸甜甜)。小朋友们都开心极了，不但学到了有关橘子的知识，而且体验到了参与活动和品尝水果的乐趣。

1. 为什么托育(1)班的小朋友对张老师所讲的内容不感兴趣？

2. 两位老师都采用了什么样的教育方法？

3. 你们认为，哪位老师的做法要好一些？好在哪里？

4. 如果你是托育机构的教师，在组织活动的时候会如何操作？

工作表单2

小组讨论

根据工作表单1，在小组内分享自己的观点，每个小组选出代表陈述本组观点，并记录其他小组不同的观点。

问题序号	本组观点	其他小组的观点（相同点可不计）
1		
2		
3		
4		

任务分析

从教育方法来讲，两位老师都采用了直观性的演示法，理念上没有什么错误，但陈老师引导小朋友们观察、触摸、品尝橘子，使整个教育活动更有趣、更有操作性，每个婴幼儿都能运用多种感官参与活动，能够培养婴幼儿运用多种感官、动手动脑，探究问题的能力。

学习支持

一、直观形象法

婴幼儿具有表象思维的特点，直观形象法符合婴幼儿的这一思维特点。直观形象法是托育机构教育教学中常用的方法，即借助婴幼儿的多种感官和已有的表象，采用直观教具或有直观形象的事物，组织婴幼儿开展观察、欣赏、演示、示范等活动，进而促进婴幼儿全面深刻地掌握知识、达到教育教学的目的。

基于婴幼儿具体形象的思维特点，婴幼儿照护者应当运用直观形象的教具、生动形象的语言、形式多样的多媒体教育手段来辅助教育活动开展，以帮助婴幼儿理解知识。直观形象法符合直观性教学原则和婴幼儿的具体形象思维特点，熟练地运用直观形象法，是实现有效婴幼儿教育的关键环节。直观手段通常为直观实物、图片、多媒体、语言等。鲜明、生动的形象容易吸引婴幼儿的注意力，激发其学习兴趣，帮助婴幼儿理解和记忆，有助于发展婴幼儿的观察力、形象思维能力。直观形象法的具体方法有以下几种：

（一）观察法

观察法是婴幼儿照护者有目的、有计划地通过引导婴幼儿去观察和探索，通过视觉、听觉、味觉、嗅觉、触觉等多种感官去获得感性经验。观察法使婴幼儿感知某一具体事物，以此丰富知识，扩大眼界，锻炼感知觉，发展观察力和其他认识能力，激发婴幼儿学习的积极性和探索意识，促进他们语言的发展。在运用观察法时，婴幼儿照护者要提供丰富多彩的事物供婴幼儿观察，丰富婴幼儿生活，并且要教给婴幼儿观察的方法，组织婴幼儿有目的地观察。

（二）演示法

演示法是婴幼儿照护者通过出示各种实物或直观教具，进行示范性操作，引导婴幼儿集中注意力，对某一事物或现象有一个较完整的感性认知。在运用演示法时，应选择恰当的时机出示实物或直观教具，实物或直观教具的造型要简单大方、色彩鲜艳，能够激发婴幼儿的兴趣和好奇心，便于婴幼儿理解、易于模仿和学习。演示实物或直观教具时要使所有孩子都能看清楚，必要时要配合语言讲解，使婴幼儿能够理解观察实物的特征。

（三）示范法

示范法是婴幼儿照护者通过自己或儿童的动作、语言或教学表演，为儿童提供具体模仿的范例。在示范教学时，婴幼儿照护者要选择好位置，使每个孩子都能看清楚，示范的动作要缓慢、清楚、准确并加以语言解释，以达到教学的目的。

另外，要重视榜样的示范作用，以身作则。3岁之前是婴幼儿品质及良好习惯形成的关键时期，而此阶段婴幼儿的行为习惯大多来自照护者的言传身教。孩童期是模仿学习能力最强的时候，这时候成年人的举手投足都会对婴幼儿产生重大影响。大人的言行是无声的教学，自觉或不自觉的榜样，对婴幼儿行为习惯的养成发挥着潜移默化的作用。婴幼儿教育中，言传身教是最有效的方式。在孩子面前，再细微的言谈举止也要注意。因此，想要教育好孩子、取得理想的教育功效，照护者应当秉承“身教胜于言教”“正人先正己”的原则给婴幼儿树立典范，时时、处处、事事都严格要求自己，树立良好的榜样。婴幼儿照护者只有严格要求自己、以身作则，自己的说教才会具有说服力和权威性。

（四）参观法

参观法是与直观形象有关的教学方法，主要是为婴幼儿提供真人、真事、真场合，作为教育环境的一种方法。婴幼儿照护者可以根据条件，就近选择参观场所，有目的地带领婴幼儿对所参观的对象进行观察，为婴幼儿提供真实的环境，调动婴幼儿的多种感官，激发婴幼儿的真情实感，进而产生感情共鸣和移情。

二、引导参与法

婴幼儿发展最有效的途径就是个体的实际操作和亲身体验，对事物的直接感知、参与活动与生活积累有助于婴幼儿构建知识、提升经验。婴幼儿照护者应当多带婴幼儿参加一些户外运动，开阔婴幼儿的眼界，鼓励婴幼儿通过观察、实际操作、个人体验来认识周围事物与自己生活的关系，在实践中增长经验；引导儿童更多地体验生活、体验大自然、体验社会；帮助婴幼儿发挥自己的主体意识，推进婴幼儿各种潜能的发挥；创设不同的环境，引导婴幼儿主动参与，为他们后期进入幼儿园学习和可持续发展打下良好的基础。

三、生活教育法

"生活即教育"，教育如果离开了生活的本源，也就失去了意义。"在生活中受教育，教育应当在种种生活中进行"，对于婴幼儿来说，显得尤为必要。婴幼儿离开父母到托育机构开始新的生活，生活化的环境对他们来说才有亲切感和归属感。在婴幼儿的实际生活中，应让他们随时、随地、随事感受到教育的存在，使婴幼儿在丰富多彩的生活中接受教育、学会成长。婴幼儿照护者要重视生活的独特价值，创设丰富的教育环境，合理安排一日生活，最大限度地支持和满足婴幼儿的需求，通过直接感知、实际操作和亲身体验等多种方式来获取成长经验的需要。

四、游戏教育法

婴幼儿的心智发育还不成熟，往往会通过接触具体的、仿真的、与生活有关的东西来获取知识。游戏对婴幼儿有很大的吸引力，也是婴幼儿的主要活动方式和学习方式。婴幼儿天生好动、喜欢模仿的心理发展特点为游戏化的教学提供了支撑。

运用游戏的方法来组织教学，符合婴幼儿的天性，可以使婴幼儿的身心得到放松；能够激发婴幼儿的学习兴趣，有利于集中婴幼儿的注意力；能充分调动婴幼儿学习的主动性、积极性，使其在玩中乐、乐中学，有助于他们专注力和健康心智的发展。总的来说，游戏是一种趣味性强的实践活动，它对婴幼儿整个身心的发展都会起到不可估量的促进作用。

学习评价

任务名称	评价内容	评价等级				
		优秀	良好	中等	合格	不合格
婴幼儿教育的基本方法	了解婴幼儿教育的常用方法					
	区分婴幼儿教育方法与其他阶段教育方法的不同					
	将常用的婴幼儿教育方法应用到托育实践中					
	在分组讨论中，能够积极、勇敢地表达自己的观点					
	勇于创新，发现并归纳出其他的婴幼儿教育方法					

备注：请同学们根据自己对任务内容的掌握情况，在对应的等级打"√"。

推荐阅读

[1]杨枫.幼儿园教育环境创设与玩教具制作(第二版)[M].北京:高等教育出版社,2013.

[2]程沿彤.婴幼儿游戏活动300例[M].上海:复旦大学出版社,2020.

项目小结

本项目主要讨论了婴幼儿教育活动的要素、原则和主要方法等问题,旨在帮助学生理解婴幼儿教育活动的构成要素以及各个要素之间的关系,引导学生正确认识婴幼儿、婴幼儿照护者、婴幼儿教育活动内容和教育活动环境,掌握婴幼儿教育活动过程中应当遵循的基本原则及有效方法,并能将婴幼儿教育活动的常用方法运用到托育教学实践中,进而培养学生对婴幼儿教育课程和托育服务事业的热爱、对相关的民生问题和社会热点问题的关注,进而增强其社会责任感和使命感。

思考练习

一、简答题

1.婴幼儿教育活动的要素有哪些?

2.婴幼儿教育活动应当遵循哪些原则?

3.常见的婴幼儿教育活动方法有哪些?

二、讨论题

1.有人认为:0-3岁的婴幼儿还不具备学习能力,不需要进行教育活动,你赞同这种观点吗?为什么?

2.除了文中提到的婴幼儿教育活动方法,你还知道哪些可以应用在婴幼儿教育活动中的方法?分小组讨论并选出代表面向班级做出分享。

实践实训

分小组设计一个面向2-3岁婴幼儿的教育活动,要包含婴幼儿教育的基本要素并遵循婴幼儿教育的基本原则。

项目四

0–3岁婴幼儿发育与教育策略

项目目标

1. 熟悉0–3岁婴幼儿的发育指标。

2. 掌握0–3岁婴幼儿的教育策略。

3. 能根据0–3岁婴幼儿的发育指标评析婴幼儿的发展情况。

4. 能将0–3岁婴幼儿的教育策略运用到婴幼儿教育实践中。

5. 尊重婴幼儿身心发展规律，关爱婴幼儿，具有爱心、耐心和细心的品质。

6. 树立科学的婴幼儿教育理念。

学习重难点

学习重点：

掌握0–3岁婴幼儿的发育指标和教育策略。

学习难点：

能将0–3岁婴幼儿的发育指标和教育策略运用到教育实践中，评析婴幼儿的发展情况。

思维导图

- 0–3岁婴幼儿发育与教育策略
  - 0–3个月婴儿发育指标与教育策略
    - 0–3个月婴儿的发育指标
    - 0–3个月婴儿的教育策略
  - 4–6个月婴儿发育指标与教育策略
    - 4–6个月婴儿的发育指标
    - 4–6个月婴儿的教育策略
  - 7–9个月婴儿发育指标与教育策略
    - 7–9个月婴儿的发育指标
    - 7–9个月婴儿的教育策略
  - 10–12个月婴儿发育指标与教育策略
    - 10–12个月婴儿的发育指标
    - 10–12个月婴儿的教育策略
  - 13–18个月幼儿发育指标与教育策略
    - 13–18个月幼儿的发育指标
    - 13–18个月幼儿的教育策略
  - 19–24个月幼儿发育指标与教育策略
    - 19–24个月幼儿的发育指标
    - 19–24个月幼儿的教育策略
  - 25–30个月幼儿发育指标与教育策略
    - 25–30个月幼儿的发育指标
    - 25–30个月幼儿的教育策略
  - 31–36个月幼儿发育指标与教育策略
    - 31–36个月幼儿的发育指标
    - 31–36个月幼儿的教育策略

任务一 0–3个月婴儿发育指标与教育策略

任务描述

通过活动《足蹬打球》，训练与测试婴儿下肢活动的能力，促进婴儿大肌肉动作的发展。

任务准备

带有铃铛的、直径30厘米的大球、纸袋、塑料袋等。

操作流程

一、照护者引导婴儿用双脚自由踢蹬，让铃铛发出声音

照护者把一个带有铃铛的直径为30厘米的大球放在床尾让婴儿用双脚自由踢蹬，婴儿踢动大球时能带响里面的铃铛，使婴儿很愿意把大球蹬来蹬去，让铃铛发出声音。

二、照护者替换不同材料，引导婴儿踢蹬出不同声音

照护者可以用一个大的纸袋，里面放几片尿布使纸袋鼓起来放在小床尾让婴儿踢，当婴儿蹬踢时会哗哗作响；还可以用一个硬一点的塑料口袋，吹一些气，然后把口袋系上，放在婴儿的小床尾，让婴儿随意蹬踢，硬塑料袋会作响。

三、照护者让婴儿感到自己运动会发出的声音，自愿踢蹬

婴儿感到自己的运动会发出声音，就会更愿意蹬踢。这样，婴儿既高兴，又能锻炼身体，下肢也更加灵活。身体结实的婴儿下肢活动能力较好，能踢动大球。体弱的婴儿蹬踢能力较弱，需要多进行练习。

任务分析

0–3个月婴儿四肢活动能力由随机、随意向可控方向发展，肌肉力量增强。活动创设主要是激发婴儿活动四肢的能力。本项活动引导婴儿通过踢蹬发出不同的声音，激发幼儿自主踢蹬的意愿，促进婴儿大肌肉动作的发展。

学习支持

在出生后一年中，婴儿以最快的速度发育成长，从完全无力支撑自己，到独自站立并开始行走；从只有感知觉活动到能听懂一些语言，会用表情、动作和声音交流、表达自己的意愿。照护者似乎突然间感觉到他们“长大”了。他们的动

作更加熟练，控制事物的能力增强；他们是活跃的运动家，每天进行着持续不断地探索、尝试；他们有一定的独立意识，好奇心逐渐增强，很多事更愿意自己去做；他们喜欢与人交流，继续学习自我服务的技巧，喜欢听照护者的赞扬。同时，也显示出男女婴儿在身体发育、精神和气质上的差别。下面介绍下0–3个月婴儿生理发育和心理发展的主要特征。

一、0–3个月婴儿的发育指标

（一）生理方面

出生时，新生儿的平均体重为3.2–3.3kg（个体差异大），前3个月以700–800g/月的速度增长；平均身高约50厘米，前三个月可增加11–12厘米。2–3个月男女婴儿在身高、头围和胸围方面存在一定的差异，如表4–1所示。在平均身高方面，女孩约61.88厘米，男孩约63.51厘米；在平均头围方面，女孩约40.30厘米，男孩约41.32厘米；在平均胸围方面，女孩约40.74厘米，男孩约42.07厘米。随着月龄段增加，婴儿的体格发育将逐步减慢。0–1个月的婴儿每天睡16–22个小时，2–3个月的婴儿每天睡16–18个小时。所以，在出生后的前3个月里，婴儿对奶量和睡眠的要求是最多的。新生儿每天除了吃奶外基本都在睡，但是到了3个月时，清醒的时间逐渐增加，因此游戏和社会交往的需求就产生了。出生后第三个月是婴儿脑细胞增长的第二个高峰。因此，母乳喂养婴儿的育婴师和妈妈要注意适当增加健脑食物，以保证母乳能供给婴儿足够的营养，促进婴儿的大脑发育。

表4–1　2–3个月男女婴儿在身高、体重、头围和胸围方面发育状况

指标	男孩	女孩
平均身高	约63.51厘米	约61.88厘米
平均体重	体重约为出生时的2倍	
平均头围	约41.32厘米	约40.30厘米
平均胸围	约42.07厘米	约40.74厘米

（二）心理方面

1.动作

婴幼儿的动作发展与心理发展关系密切，是婴幼儿与外部世界沟通的桥梁。婴幼儿的动作是在神经系统的调节和控制下，通过骨骼、肌肉、关节等运动器官之间的协调完成的。随着大脑皮层下的纹状体的成熟和肌肉的发育，孩子出现了抬头、挺胸、坐、爬、立、走等动作。婴儿期的运动机能有了较好的发展，婴儿的动作包括躯体大动作和手指精细动作。婴儿动作发育是神经系统发育

的一个重要标志，与心理、智能水平密切相关。动作发育规律主要是自上而下（如抬头—坐—站—走），由近及远（如抬肩—伸手—手指取物），由不协调到协调，由正面动作到反面动作（如先能握物，后能随意放下）。

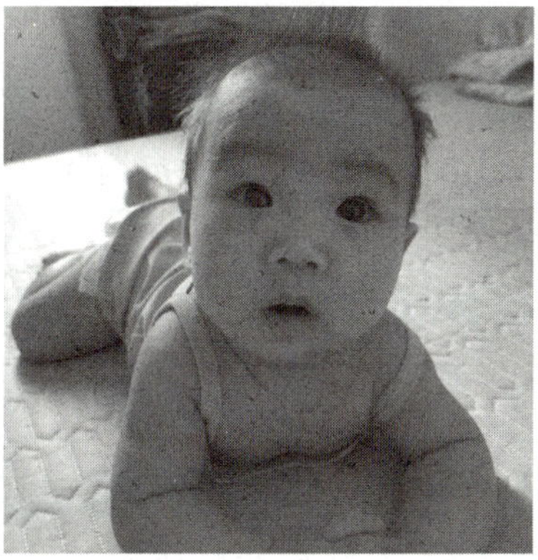

图4-1　3个月婴儿抬头

婴儿出生后第1个月末，头能运动，俯卧位时双臂放在头两侧，能自行抬头，下颌离开床面2秒钟左右。双手经常呈握拳头状，偶尔稍有松开。具有握持反射：成人用手指触摸婴儿手心，婴儿能握紧拳头2秒钟左右。2个月的婴儿可以抬头，俯卧位时面部离开床面45度左右。双手握拳时常松开。两手臂能自由活动，可以主动将手放进嘴里。3个月时儿童俯卧可自行抬头，面部离开床面90度左右，将婴儿保持正面坐位，婴儿头部竖直、稳定、不会向后倒。双手握拳松开时间长，拇指一般不呈内收状，可以握住较大的球状物。

2.语言

语言的发展从新生儿出生那一刻就开始了。前3个月时，婴儿将语言学习的重点放在语音的辨别、对语言交流整体情境的感知，以及通过咿呀发声练习控制自己的声带。0-3个月婴儿语言发展处于简单音节阶段。在此发展阶段，婴儿通过听、看、“说”、哭闹等与外界、照护者沟通。这个阶段的婴儿语言发展具有以下特征：

（1）婴儿听觉较敏感，可获得辨音的感知能力。从刚一出生，孩子就开始了对语言的内在吸收性学习。婴儿会首先学会语言和自然界中、生活中其他声音的区别，并获得辨别不同话语声音的感知能力。婴儿喜欢听人类的语音，满月时，听到妈妈的说话声会停止哭泣。2-3个月的孩子听到照护者说话的声音会转头寻找。

（2）喜欢与照护者面对面言语交际，产生动作反应。这一阶段的婴儿喜欢面对面的言语交际，偏爱母亲和高频率的声音。如果有人对他说话，他就会用微笑、动动嘴巴、转头、吵闹、尖叫，或者其他快活或痛苦的神情做出反应，身体也会有相应的活动。

(3)能发出一些简单的音节。

0-3个月的婴儿发声以哭为主,可以发出a、o、e等音,会从喉咙里发出细小的喉音,偶尔吐露ei、ou等声音,如表4-2所示。3个月时能发出拖长的单元音,或连续两个音,如啊咕、啊呜等,此时发声更加自如,乐意与人对答。

表4-2　0-3个月婴儿的发音

a	ai	e
ei	hai	ou
ai-i	hai-i	u-e

3.认知

新生儿出生时,感知觉还处于起步阶段。在所有感觉发展中,味觉和嗅觉相对成熟较早,如新生儿能用微笑、皱眉和伸舌头来表示对甜、咸、苦的好恶。

1月龄婴儿已能辨别纯音之间的差异(如200Hz和500Hz的声音)。2月龄婴儿已能安静地躺着听音乐(比如摇篮曲)。听觉在婴儿前3个月内主要发展辨别能力,如3个月的婴儿能辨别出不同人说话以及同一个人说话的声调上的差别。研究表明,胎儿在妊娠末期就已经基本完善了其听觉和视觉器官,具备了初步的听觉和视觉能力。例如,胎儿在母体内就能听到来自体外的音乐声、人声等声音,并且对光线刺激有明显的动作反应。

婴儿的视觉随年龄的增长改变明显,新生儿只有20厘米左右的视程,而且看不清楚细节,婴儿出生后的2-3周内,常可以看到两眼的不协调运动,如一只眼向右,或两眼对合在一起,这说明婴儿集中的视觉活动尚未形成。2-3周后,两眼的不协调现象消失了,开始对光和物有集中的视觉反应,这时凡是活动的东西、响亮的声音或鲜艳的东西等都会引起婴儿的片刻注视,但不能长久地把视线集中在一个物体上。1个月左右开始出现头眼协调,眼在水平位置上90°范围内随物转移,目光可以随发光的物体移动。2个月左右,婴儿有了明显的视觉集中活动,能协调地将两眼固定在物体上,并能注视目光前约25厘米处物体的运动。到3个月时,婴儿不仅能仔细地观察景物,还能视觉追物180°范围左右。在人生的第一年里,婴儿的视觉集中时间不断延长,距离越来越远。眼睛的协调能力更好并开始辨别物体大小及形状。婴儿以无意注意为主,随着年龄增长逐渐出现有意注意。3个月的婴儿可把意识指向新异的刺激物上,开始产生“注意”,可以比较长时间地注视较近的成人面孔,可以用视觉分辨自己熟悉的人,如看见母亲后可以表示出喜欢的神情。

4. 情感与社会性

情绪情感的发展在婴儿前3个月时也表现突出，最主要的成就是哭声的分化和社会性微笑的产生。而与婴幼儿情绪情感紧密相连的社会性发展也不甘落后，其发展主要表现在：婴儿从最初的喜欢看人脸，喜欢听人说话，发展到喜欢与人交流、玩耍，尤其是最亲近的照护者，因为婴儿已发展出对主要照护者的整体感知，他渐渐依恋上这个值得信赖的人。新生儿时期，由于开始适应新的环境，产生的消极情绪较多。2个月以后，婴幼儿积极情绪逐渐增加，当他吃饱而又温暖的时候，可以看到他比较活泼而微笑的表情，当照护者亲近或满足其需求时，他开始对人发出社会性微笑。

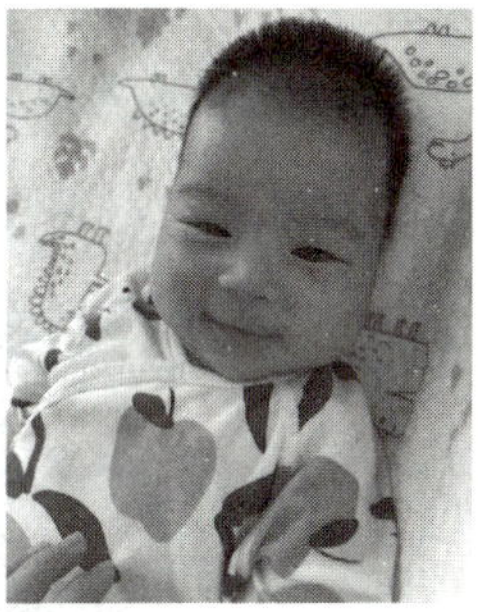

图4-2　2个月婴儿的笑

二、0–3个月婴儿的教育策略

（一）动作的训练

1. 大肌肉动作训练

（1）抬头动作训练。人类自主动作的获得是从头部开始的，大约出现在婴儿出生后的第1个月末，这是其神经和肌肉系统发育的自然结果。一般来说，头颈部动作的发展呈现出一定的顺序性（见图4–3）。当然，具体到每个婴幼儿的发展顺序，也表现出一定的个体差异性。

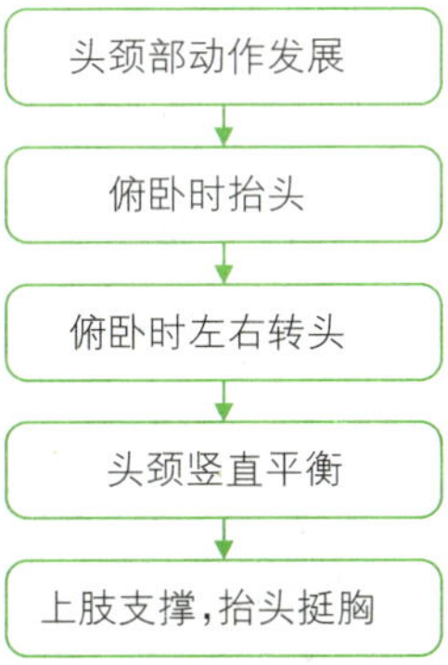

图4–3　婴幼儿头颈动作发展顺序图

0–3个月龄的婴儿，其颈部正在发育过程中，但力量薄弱到还不足以支撑头部抬起，婴儿的活动范围受到限制。因此，对0–3个月龄的婴儿来说，抬头动作练习可以促进婴儿颈部、背部肌肉力量的发展。其训练方式为：首先要训练的是颈部，让其先学会俯卧抬头，扩展视野。让其俯卧在床上，两手放在头两侧，大人用手指、玩具或其他物体从婴儿的视野中移过，用语言进行引导，如“宝宝，抬抬头，抬抬头”，鼓励他转动头部，让他的眼睛和头部追随大人的动作，如图4–4所示。每次练习的时间宜短暂，一天做1–2次，每次练习后要让婴儿仰卧休息。

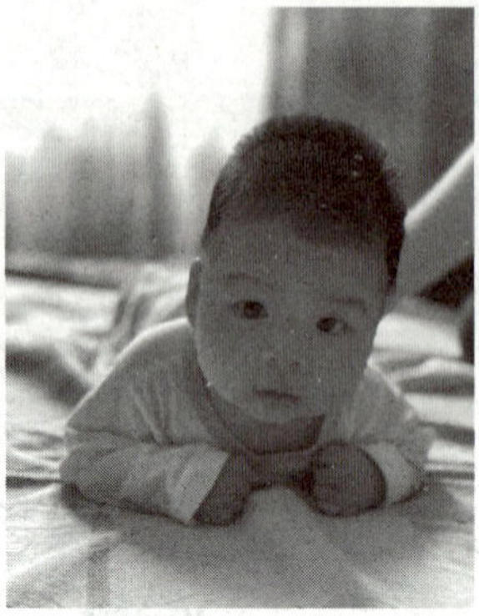

图4-4　11周婴儿俯卧抬头训练

图4-5　14周婴儿坐位竖头

(2)坐位竖头训练。到了3个月龄左右,婴儿脖子就比较有力了,照护者要用手托住婴儿的头部竖起抱着,练习头部竖直的动作,逐渐使婴儿的头部能竖直,使婴儿看到的视野更广。随着训练时间的延长,婴儿就会自然而然地做到头部竖直且转动自如。在此过程中,照护者要随时注意观察婴儿头部竖直的状况,根据实际情况再有意识地引诱婴儿观看周围的环境。如图4-5所示。

(3)侧翻训练。3个月以后的婴儿,可帮助其学习翻身。照护者要遵循婴儿翻身动作的发展规律,循序渐进地进行侧翻训练。侧翻练习:婴儿满月后,可以开始训练其侧翻动作。先用一个发声玩具,吸引婴儿转头注视,然后,照护者一手握住婴儿一只手,另一只手将婴儿同侧腿搭在另一条腿上,辅助婴儿向对侧侧翻注视,左右轮流侧翻练习,以帮助婴儿感觉体位的变化,学习侧翻动作。每日约2次,每次侧翻2-3次。

2.精细动作训练

精细动作训练主要是锻炼手的精细动作以及手眼协调能力,如抓放、手指对捏、模仿画画、剪贴、折叠、书写等。手部精细动作的健全发展,可以使婴儿认识事物的各种属性及彼此间的联系,促进其知觉的完整性与具体形象思维的发展,并且为婴儿以后吃饭、握笔写字、使用工具等行为打下基础。

0-3个月龄婴儿精细动作的训练如下。1个月时,不要给婴儿戴手套,让他能自由地挥动拳头,看自己的手等。2个月时,经常刺激婴儿的手心,促进抓握反射;提供一些不同质地的玩具材料给婴儿触摸。3个月时,可以进行抓握练习——持握训练。把不同质地的玩具材料,如布娃娃、摇铃、拨浪鼓、条状小积木、塑料小球、绒线球等放在婴儿的手中,让他抓握。每日可进行数次,每次20-30秒。可锻炼他用手握物的能力,丰富手部感受能力。

(二)语言支持

1.鼓励婴儿听音发声

婴儿感受语言的最初途径是听力,发音是学习说话的基础,从语言发展的规律看，声音的训练有听音和发音两方面。照护者应提供优质的发声玩具，每天和婴儿一起玩耍，让其听不同的声音，提高听觉的敏感性。当婴儿无意识地发出音节时，照护者可以轻柔地呼唤婴儿的名字，触摸婴儿的小手，这是对婴儿发音的鼓励。通过反复强化，婴儿就会更加喜欢“说话”。

2. 与婴儿面对面说话

虽然婴儿刚出生，还不会说话，但是婴儿会“听”，因此照护者在照料婴儿生活时一定要主动与其面对面说话。毕竟，语言的学习是从语言输入——“听”开始。照护者在照料婴儿时，经常地“说”有助于婴儿理解发生在他身上的行为，渐渐熟悉人类语言的语音、语调、语义，为婴儿后续的语言学习给予铺垫和积累。比如，妈妈喂奶时说：“宝宝，妈妈来抱你了，要吃奶喽。”换尿布时说：“宝宝尿湿了，妈妈要给宝宝换尿布啦。”

（三）认知发展

1. 视觉发展

（1）活动空间的布置注意色彩简洁明快、有对比。

（2）在婴儿床的上方60-70厘米处挂一些玩具、气球、彩带，通过缓慢移动、发出响声来引起婴儿的注意，训练婴儿注视某一物体的能力以及眼球运动的灵活性及协调性。

（3）创设一些发展婴儿感官联合的游戏活动，如“找找拿过的玩具”。

2. 听觉发展

（1）提供不同类型的声音，引起婴儿的聆听，如轻柔的音乐、铃铛、八音盒等，同时可以通过改变声源的位置使婴儿体会声音传播的变化。不要突然使用过大的声音，以免婴儿受惊吓或听力损伤。

（2）婴儿两个月左右可以集中听力，会辨别声音的方向，注意听人的谈话并能判断声源。照护者在不让婴儿看到摇铃的情况下，在婴儿头部周围不同方向摇铃，节奏要有变化，可从慢到快。摇铃的同时可辅助以言语，去观察婴儿的反应，然后再训练婴儿根据铃声来寻找声源，每天2-3次。

3. 触觉发展

（1）进行婴儿被动操、抚触。

（2）婴儿面颊、口唇、手指头或脚趾头等处对触压觉很敏感。可以选择不同织物丰富婴儿敏感皮肤区的触觉经验，如选择湿的、干的、软的、硬的、温的、凉的自然物品放在婴儿面颊、手心部位。婴儿很喜欢与照护者之间进行亲密的身体接触。照护者应尽可能多地给予刺激，如换尿布时摸摸婴儿的屁股，洗澡和换衣服时也要多摸摸他。

4.味、嗅、温度等感知觉发展

3个月的婴儿，喜欢抓、摸，用手去摆弄东西，想探索物体，照护者可以充分利用这些特点去发展其感知觉。如吃饭时，用筷子蘸菜汁给婴儿尝尝；吃苹果时让婴儿闻闻苹果的香味；用奶瓶喂奶时，让婴儿用手感受一下奶瓶的温度；等；这些做法均有助于婴儿感知觉的发展。

（四）情感和社会性培养

1.依托日常生活环节，引发婴儿回应

典型的日常生活事件可以作为发展婴儿情绪情感、语言和社会交往的途径。照护者在照料婴儿生活的同时开展与婴儿的交流，交流的内容要围绕正在进行的养育内容，语言要轻松、自然，如在给婴儿穿衣服时说："宝宝穿衣服啦，左手钻洞洞，右手钻洞洞。"这样婴儿会更积极地关注与成人的交流内容，并能保持积极愉快的情感体验。

2.能分辨婴儿的哭声，让婴儿微笑

不同的哭声代表婴儿不同的需求，有的婴儿哭是因为饥饿，有的是因为衣服太紧了，比如当持续不断嗯叫哭，可能是因为尿布湿了、衣着太紧或身体不舒服，照护者可以给婴儿宽衣带、更换尿布。因此，照护者要学会鉴别婴儿不同的哭声所代表的不同含义并用不同的方式满足婴儿的需要。

图4-6　3个多月婴儿微笑

当婴儿吃饱睡足之后，躺在照护者温暖的怀抱里，与照护者皮肤的接触、目光的注视以及温柔的话语都会使婴儿产生积极的情绪，如微笑或手舞足蹈，这些反应正是婴儿与照护者交往的行为表现。当婴儿脸上出现笑的样子时，照护者要及时露出笑的表情，照护者的笑又会进一步激起婴儿的笑，如此反复循环。

3.示范表情，引发幼儿模仿

在不同情境下，以何种方式表达某种具体的情绪，照护者要示范给婴儿，要以夸张的面部表情，在同类情境中反复展示。比如，妈妈带着婴儿在公园中玩耍，看到可爱的小动物，妈妈要以夸张的方式表达她的喜爱之情，这样更有利于婴儿的观察学习。

学习评价

任务名称	评价内容	评价等级				
		优秀	良好	中等	合格	不合格
0–3个月婴儿的发育指标与教育策略	熟悉0–3个月婴幼儿的发育指标					
	掌握0–3个月婴幼儿的教育策略					
	能根据0–3个月婴幼儿的发育指标评析婴幼儿的发展情况					
	能将0–3个月婴幼儿的教育策略运用到婴幼儿教育实践中					
	尊重婴幼儿身心发展规律，关爱婴幼儿，具有爱心、耐心和细心的品质					
	树立科学的婴幼儿教育理念					

备注：请同学们根据自己对任务内容的掌握情况，在对应的等级打“√”。

任务二
4-6个月婴儿发育指标与教育策略

任务描述

通过开展活动《听儿歌做动作》，训练并测试婴儿对音律的条件反射能力。

任务准备

儿歌《骑马唱歌》。

操作流程

一、照护者唱儿歌《骑马唱歌》，引导婴儿感受节拍

1. 照护者与婴儿做好游戏前准备

让婴儿坐在照护者的膝盖上，两人面向前方。

2. 照护者引导婴儿玩游戏

照护者一边哼唱儿歌，一边按节拍上下颠动膝盖，让婴儿感到如同骑在马上。照护者哼唱儿歌《骑马唱歌》：

骑大马，骑大马。
上高山，跨过河。
咯噔咯噔，跨过河。

唱到“咯噔咯噔”时，把婴儿抱起；唱到“跨过河”时，把他举高让他有种跨过河的感觉。

二、照护者反复带领婴儿感受节拍，引导婴儿根据音律条件反射

练习几次后，当婴儿听到“咯噔咯噔”时会做准备，听到“跨过河”时身体就会向高处跃，以配合照护者的动作。

任务分析

4-6个月婴幼儿的语言能力训练主要培养婴幼儿的辅音发音和对音律的条件反射能力。引导婴儿通过身体的感觉来感受儿歌的音律节拍。在此基础上，照护者带领婴儿反复感受，婴儿会根据儿歌内容出现条件反射。

学习支持

一、4-6个月婴儿的发育指标

（一）生理方面

4-6个月男女婴儿在身高、体重、头围和胸围方面存在一定的差异，如表4-5所示。其中，在平均身高方面，女孩约68.17厘米，男孩约69.66厘米；在平均体重方面，女孩约8.27千克，男孩约8.77千克；在平均头围方面，女孩约43.31厘米，男孩约44.44厘米；在平均胸围方面，女孩约43.57厘米，男孩约44.35厘米。随着月龄的不断增长，4-6个月婴儿开始长出乳前牙。

经过3个月的努力，婴儿现在已经能够初步适应母体外环境了。他已经熟悉了每天的例行活动，知道照护者的一个动作或熟悉物品的出现意味着下面要进行什么活动，即4-6个月的婴儿能预期养育常规事件的发生。例如，婴儿看到奶瓶就知道马上要“开饭”了。婴儿现在白天的睡眠时间减少了（每天睡2-3次，每次2-3小时），清醒的时间里他比以前更加机警和活跃，外面的世界在他眼里变得丰富多彩、充满刺激。

表4-3　4-6个月男女婴儿身高、体重、头围和胸围发育状况

指标	男孩	女孩
平均身高	约69.66厘米	约68.17厘米
平均体重	约8.77千克	约8.27千克
平均头围	约44.44厘米	约43.31厘米
平均胸围	约44.35厘米	约43.57厘米

（二）心理方面

1.动作

随着颈背部及腿部肌肉力量的增强，4-6个月婴儿身体活动能力有了新进展。他们开始翻身，从仰卧位到侧卧位，在成人扶着躯干时能坐起；见物会伸手抓，会把玩具放入口中。5个月时能背靠物，坐片刻，翻身从仰卧位到俯卧位。会用两手抓物，会用手摸、敲打东西。6个月婴儿能独立坐着，开始会把玩具互相换手；婴儿仰卧，成人用玩具在一旁逗引，他能由仰卧位翻身转为俯卧位，或俯卧翻成仰卧。

图4-7　6个月婴儿独坐

2.语言

与前3个月相比，4-6个月婴儿的发音不仅在数量上增加不少，如声母、韵母陆续出现，连续音节也很频繁，听起来确实像是在与人对话。虽然这些发音

并无对应的概念，但婴儿开始意识到发声可以开展交流。

在婴儿情绪愉悦的时候，他会大量发出各种音节，尝试像照护者一样说话。在此阶段，婴儿能发出一连串近似词的音节，出现“语音玩弄”和“小儿语”现象，能辨别语气语调和音色变化。4个月的孩子的眼睛会盯着照护者说话的嘴；发声能持续15–20分钟，能发出一连串类似音节的声音；当出现无意识的发音时，如“妈妈妈妈妈妈”，不停地叫着玩，这就是“语音玩弄”现象。

3.认知

进入第4个月后，婴儿明显更喜欢探索和游戏。现在，婴儿的感知觉发展不仅更加精细化（如4个月婴儿的视力约为0.04），感知觉的联合能力也更强，并逐步将身体内部的感知协调起来，即感觉统合能力发展，如平衡力。感知觉能力的发展引发了婴儿探索世界的新方式，他现在的手眼协调能力发展起来，看到想要的东西伸手即能拿到。而且，他更喜欢用口腔来认识事物，拿在手里的东西下一步就是送入口中。正是在作用外界的过程中，婴儿发现自己的动作和外界是有关联的。所以，当婴儿偶尔踢响了挂在床头的铃铛时，他会反复踢脚。

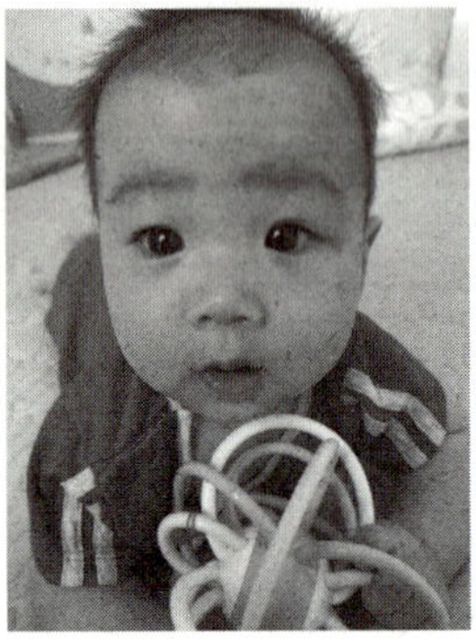

图4-8　4个月婴儿抓玩具往嘴里送

图4-9　6个月婴儿抓玩具往嘴里送

从第4个月起，婴儿能辨别成人发出的声音，如听见母亲说话的声音就高兴起来。6个月能区分爸爸妈妈的声音，叫其名字也有回应。

4个月的婴儿对颜色有分化反应，特别是红色的物体最能引起婴儿的兴奋。5个月的婴儿对自己熟悉的事物有了视觉分辨能力，如进食前看到奶瓶或看到妈妈的乳房时能表示高兴。6个月起，可注意远距离的物体，如车辆、行人、太阳、月亮等。

4.情感和社会性

4–6个月婴儿积极的情绪体验增多，他比以前笑得更多，也更容易被逗笑。但婴儿并非对所有人都是这样，他只对身边最亲近的人才如此放松，陌生人的出现和靠近会使这一时期的婴儿高度警惕，甚至会因惊慌、害怕而哭闹，这是婴儿的陌生人焦虑，它和亲子依恋同时在婴儿半岁左右产生。

4-5个月时，婴儿能够笑出声来，同照护者进行情绪交流。6个月时，能够认识人，情绪反应也会因人而异，对母亲的情绪发展为依恋，对母亲十分亲热，对陌生人表现出“认生”。6-12个月，是“认生”发生的高峰期，亲子依恋作为照护者和婴儿之间无形的情感纽带，使婴儿更加离不开所依恋的对象。4-6个月的婴儿很喜欢和照护者一起游戏，在亲子游戏中，婴儿能够体会到自己被视为一个独立的人。

二、4-6个月婴儿的教育策略

（一）动作的训练

1. 大肌肉动作训练

（1）四肢训练。让婴儿俯卧，两臂屈肘于胸前，鼓励、引导婴儿将头、前胸抬高，直至能用一只手支撑身体抬起头、胸。左右手轮流支撑训练，每日数次，每次数分钟。婴儿4个月时，就可以有目的地训练婴儿腿的支撑。照护者准备几个彩色塑料球或彩色气球，用细线吊在距离婴儿脚上方5到10厘米处，这样能保证婴儿既看得见，又能伸腿碰得到。让婴儿仰卧，照护者用手触碰彩球，上举或随球而动。如果婴儿没有踢腿，照护者可以拉着婴儿的小脚触碰彩球并用声音鼓励婴儿，慢慢地婴儿会自己尝试伸腿去踢。

（2）坐的练习。4个月时可以带婴儿练习拉坐。让宝宝仰卧在床上，照护者双手夹住婴儿腋下，轻轻地将婴儿拉坐起来，然后再轻轻地放下去。可以用语言进行辅助，如“宝宝真厉害”“我们一起来坐一坐”等，再经过一段时间的练习后，照护者只需要稍微用力帮助并逐渐地减少用力，使婴儿能借助照护者扶助的力量自己用力坐起来。如果婴儿被照护者拉坐起来时，手无力屈肘，头部低垂，表示他还不宜做这个动作，必须先进行俯卧练习，强化颈背肌肉及上肢肌肉力量，过些时候再进行练习。5个月时，可以练习靠坐。将婴儿放在有扶手的沙发上或小椅子上，让宝宝靠坐着玩，以后逐渐减少婴儿身后靠的东西，使婴儿仅有一点支持即可坐住或独坐片刻，注意持续时间不宜太长。一般6个月左右，婴儿可以开始独坐。将婴儿放在坐的位置，在其背后放几个靠垫来使他柔软的身体能够放松，或用一只手扶在婴儿后背。每天适当练习几分钟，婴儿会用逐步增强的肌肉力量摆脱外力支持，经过锻炼，婴儿就能独坐片刻。

（3）爬行训练。6个月的婴儿可以进行匍匐爬行训练。婴儿俯卧时用张开的手支撑着将头和胸高高抬起，整个胸部离开床面，小腿经屈膝向上抬起悬空，以腹部为中心出现的原地旋转运动来移动身体位置，就是匍匐爬行。照护者可手拿一个能吸引婴儿的玩具在一侧逗引，让婴儿通过上下肢的运动来转动身体，再换另一侧，逗引婴儿匍匐爬行。

2.精细动作训练

4个月的婴儿可进行摇动、敲打玩具训练。摆放几种能吸引婴儿的玩具，如玩具娃娃、拨浪鼓，让他练习主动抓握。玩具可以从大到小，反复练习。如果婴儿抓不准，可以帮助他把玩具移到准确的方位；一人抱着婴儿，另一人拿玩具放在约1米远处逗他，看婴儿是否会伸手去拿，如果不伸手，则引导他去触摸、摆弄这些玩具，为以后的伸手抓握训练打下基础。选择大小不一的玩具，来训练婴儿抓握，促进手的灵活性和协调性。通过游戏，教婴儿玩不同玩法的玩具，如摇晃、捏、触碰、敲打、掀、推、扔、取等，使他从游戏中学到手的各种技能。

5个月的婴儿可进行伸手够物训练。在婴儿面前悬挂一些颜色鲜艳的玩具，让婴儿去抓握。开始放在婴儿伸手就能抓到的地方，然后慢慢移到远一点的地方。可以时常更换不同质地的玩具，使婴儿在抓握过程中接受不同的刺激。每次的训练时间不宜过长。

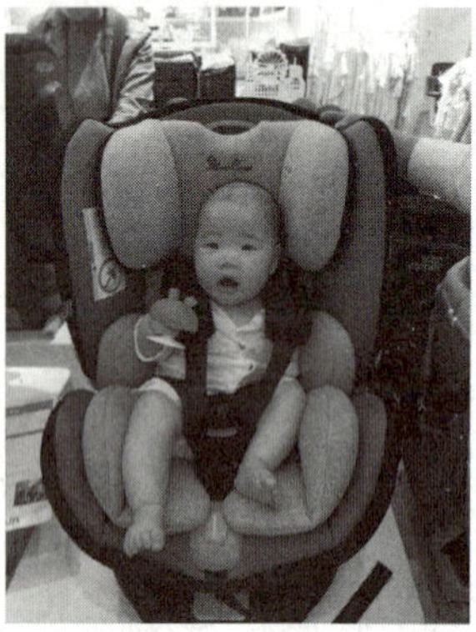
图4-10　6个月婴儿抓玩具

6个月的婴儿，可训练其左右手协调。教婴儿撕纸时，把婴儿抱在桌前，照护者拿纸条或彩色纸条晃动，吸引他，示意他抓住。让婴儿自由地拉扯纸条，照护者也可以双手和婴儿一起用拇指，他只配合做撕、捏的动作。

(二)语言支持

4-6个月婴儿的语音练习也是一种语言游戏，婴儿在反复使用发音器官和控制口唇肌肉的过程中加强着他对语言的认识，这是下一阶段模仿发音的前提，也是婴儿体会语言交流规则的重要过程。为婴儿提供大量发音练习的机会，既让他在反复的口、唇练习中学会控声带、口腔肌肉，也能让他体会到使用语言的乐趣，促进语言理解。

照护者要多用婴儿的原始发音与婴儿说话，如“啊”“噢呜”“嗯咕”等，最能引起婴儿的共鸣与反应，当婴儿情绪好时，这是很好的可以反复强化的发音练习。

照护者可以通过各种游戏环节有意义地呈现婴儿熟悉的词汇。可以提供一些简单、言语重复、节奏快的儿歌给婴儿听，激发婴儿对语言的兴趣。

(三)认知发展

1.视觉发展

(1)用颜色鲜艳的玩具吸引婴儿并慢慢地移动玩具，每日训练2-3次，每次几分钟，促进婴儿视觉的范围扩展。婴儿到了4个月能够看见一些细小的物品，例如放在床上的小玩具。所以我们可以在床单上放一颗红色小球，也可以是其他的细小物品，但颜色要突出，以吸引婴儿的注意。

(2)为婴儿提供各种颜色的玩具、物品等，引导婴儿观看的同时告诉其物体的名称和颜色。照护者要根据婴儿视觉发展的实际情况，遵循从简单到复杂，从单一色向混合色过渡的原则，选择适宜的物品对其进行训练。

2.听觉发展

(1)提供不同频率、强度的声音。给婴儿给予适合的声音刺激，吸引婴儿寻找前后左右不同方位、不同距离的发声源，如果婴儿对声音很敏感，那么即便声音来自远处，也依旧能引起他的注意。照护者可以放音乐给婴儿听。那些抒情、悠扬的乐曲可以反复播放，每天两次，每次5分钟左右。4个月以后播放的时间可适当延长。

(2)与婴儿用语言互动。对婴儿来说，语言学习的启蒙老师就是照护者。因此照护者一定要花时间与婴儿互动，让他从中获得大量的语言刺激与模仿的机会。比如在给婴儿洗澡时与婴儿对话，对正在进行的事情进行详细介绍。在介绍完一个动作之后，可以稍微停一下，看看婴儿有没有做出回应的动作、声音和表情等。

3.触觉发展

对半岁左右的婴儿，可以用不同材质的碎布缝成长40厘米左右的正方形垫子(里面塞上海绵)，让婴儿去抓、摸，感受不同的刺激。稍大一些，可提供玩具的种类就更多，要让其充分去感知，无毒、无味、无棱角、不易咽下的东西都可以作为婴儿的玩具，让其去抓、捏、摸，从而发展婴儿的触觉，促进婴儿脑的发育。

4.感觉统合能力发展

通过改变婴儿的身体运动方式，如上下、左右、前后或翻转跳跃，使婴儿体会身体失去平衡的感觉，以促使婴儿调整感觉信息恢复平衡，如游戏“开小飞机”就是通过举高来锻炼婴儿的身体控制能力和平衡。照护者可借助各种游戏机会向婴儿提示关注他们的内部运动感觉，如宝宝躺在小车里上、下坡，可以告诉他“宝宝，我们要上、下坡了”，几次重复后婴儿会在成人发出相应语言提示时留意身体状态和感受。

(四)情感和社会性培养

1.帮助婴儿认识自我与面部表情

提供图片、镜子给婴儿，观察婴儿是否感兴趣、是否会仔细看。虽然这一时期婴儿还无法将自己与他人区分开来或认出镜中的自己，但他们会特别关注与自己身体相似的同龄伙伴，这为他们以后形成独立的个体意识提供了机会。和婴儿说话时，我们不仅要有意识地采用不同的语调，还应结合不同的面部表情，如笑、怒、淡漠等，训练婴儿分辨面部表情，使他对照护者的不同语调、不同表情有不同的反应，并逐渐学会正确表露自己的感受。

2.引导婴儿多与人交往

5-6个月的婴儿开始怕生，看见陌生人会躲避，甚至哭，表现出内心的焦虑和害怕，没有安全感。为防止怕生，照护者应早些带婴儿出去玩，扩大他的眼界，增加他跟其他小朋友接触与交往的机会。

3.通过亲子游戏活动，培养幼儿的安全感

通过创设亲子肌肤接触的游戏情境，让婴儿体会与照护者在一起玩耍的乐趣，游戏中可添加适度的感知刺激，让婴儿感受父母的爱抚，从而产生安全感，如婴儿被动操、亲子操、摸摸妈妈的脸等。

学习评价

任务名称	评价内容	评价等级				
		优秀	良好	中等	合格	不合格
4-6个月婴儿的发育指标与教育策略	熟悉4-6个月婴儿的发育指标					
	掌握4-6个月婴儿的教育策略					
	能根据4-6个月婴儿的发育指标评析婴幼儿的发展情况					
	能将4-6个月婴儿的教育策略运用到婴幼儿教育实践中					
	尊重婴幼儿身心发展规律，关爱婴幼儿，具有爱心、耐心和细心的品质					
	能正确看待4-6个月婴儿身心发育水平的差异					

备注：请同学们根据自己对任务内容的掌握情况，在对应的等级打“√”。

任务三

7-9个月婴儿发育指标与教育策略

任务描述

通过开展主题活动"小乌龟爬爬爬"[①]，使婴儿可以练习匍匐爬行、手膝爬行、爬斜坡等爬行动作。锻炼婴儿胸肌、背肌、腹肌以及四肢肌肉的力量，发展婴儿的全身平衡能力及四肢协调能力。

任务准备

1. 乌龟玩具、乌龟头饰每人一个。

2. 小毛毯、点心、湿巾。

3. 斜塔、自制小屋。

4. 音乐《小星星》。

操作流程

一、教师用小乌龟玩具表演爬行，引起婴儿兴趣

教师："宝宝看，老师给你们带来了什么？"

二、教师指导家长和婴儿玩游戏《亲亲小乌龟》，引导婴儿爬行

1. 教师示范匍匐爬行

出示小乌龟头饰，放至距离婴儿3米远的地方。教师："那边好多的乌龟宝宝想和我们做朋友，我们去和它们抱一抱，亲一亲吧！"

2. 教师指导家长带领宝宝爬到乌龟宝宝处

家长可在前面用乌龟宝宝引起婴儿的注意，促使婴儿努力往前爬。婴儿爬到乌龟宝宝处时，家长帮助婴儿将乌龟头饰戴上。

三、教师指导家长和婴儿玩游戏《小乌龟吃点心》，引导婴儿手膝交替爬

1. 教师示范手膝交替协调地向前爬

教师示范手膝交替协调地向前爬，爬到餐桌前取点心吃。

2. 教师指导家长引导婴儿手膝交替向前爬

教师指导家长引导婴儿手膝交替向前爬，去取点心吃。如果婴儿手膝交替爬行比较困难，家长可用毛毯兜住婴儿的胸腹部，家长把毛毯提起，帮助婴儿练习手膝爬。

① 唐大章，唐爽．婴儿动作指导活动设计与组织[M]．北京：科学出版社，2015:108.

四、教师指导家长和婴儿玩游戏《小乌龟回家》，引导婴儿在斜坡上爬

1.教师示范爬上斜坡

教师："小乌龟玩累了，要回家找妈妈了，我们一起把它送回家吧。"教师带领家长和婴儿一起观察布置好的小路。教师示范如何爬上斜坡，将小乌龟头饰送回到家中。

2.教师指导家长引导婴儿爬上斜坡

教师指导家长引导婴儿爬上斜坡，送小乌龟回家。教师："家长注意观察小路当中的斜坡，要鼓励婴儿爬上斜坡，还要从斜坡上爬下来，而不是滑下来，也不要绕开斜坡。"

五、教师播放音乐《小星星》，带领婴儿做放松动作

播放音乐《小星星》，教师带领婴儿做放松动作。教师："天黑了，星星出来了，它们会一闪一闪地眨眼睛哦。"

任务分析

爬行能锻炼婴儿全身大肌肉群的力量，尤其是四肢的协调性和灵活性，也能够丰富他大、小脑之间的神经联系，促进脑的生长，是一种综合性的身体练习活动。在本次活动中，通过三个主题游戏使婴儿在原有动作发展水平基础上，能够逐步完成爬行动作的一些代表性行为。在爬行的过程中，婴儿会遇到一些困难，能够锻炼婴儿的意志和胆量，让婴儿勇于探险。有些婴儿不愿意爬行，照护者可以在婴儿前面使用玩具逗引婴儿，当婴儿略微向前爬行时，可稍稍移动玩具，鼓励婴儿向前爬行，在爬斜坡时照护者要注意婴儿的安全，避免婴儿由于重心不稳而跌倒。

学习支持

一、7–9个月婴儿的发育指标

（一）生理方面

7–9个月男女婴儿在身高、体重、头围和胸围方面存在一定的差异，如表4–4所示。随着月龄的不断增长，7–9月婴儿上颌、下颌长出乳旁切牙；每天睡15小时左右。需要大小便时会有表情或反应。

表4–4　7–9个月男女婴儿在身高、体重、头围和胸围方面发育状况

指标	男孩	女孩
平均身高	约72.85厘米	约71.20厘米
平均体重	约9.52千克	约8.09千克
平均头围	约45.43厘米	约44.38厘米
平均胸围	约45.52厘米	约44.56厘米

(二)心理方面

1.动作

进入出生后的第7个月时,婴儿表现得更像是一个独立的人。7个月的婴儿能坐得很稳,能连续翻滚。8个月的婴儿可用双上肢向前爬。9个月的婴儿能扶着大人的手或物站立。为了解更多的事物,他第一次开始从被动移动转向自主移动,即开始学习爬行了。爬行,表明婴儿具备了前所未有的身体协调能力和肌肉力量。

7-8个月时,婴儿会玩拍手游戏,能抛掷、滚动玩具,大拇指和其他四指能分开对捏。婴儿的小手五指初步分化,首先分离出来的是大拇指,因而开始能够用大拇指和其余四指合作捏取物品。与此同时,婴儿单手操作物品和两手合作的能力也在提高。现在,他会摇晃、投掷、扔东西,也会灵活地双手交换物品,还会敲击东西。

9-10个月时,婴儿会用拇指和食指对捏,取小件物品,如用拇指和食指捏小豆子的动作非常熟练,会把一件玩具放进另一件玩具中,能在许多玩具中找到想要的东西。

2.语言

婴儿到7-8个月后,对一些特定的语音能做出相对稳定的反应,如听到有人叫自己的名字能回头或以笑来回应,听到“再见”会摆手,听到“欢迎”会拍手等。这是婴儿语言条件反射的建立,它使婴儿有了与照护者沟通、交流以及进行语言学习的可能性。8个月左右的婴儿会看或指向物品所在的地方;一口气能说出几个语音,能说“ma-ma”“da-da”,但经常无所指;婴儿能从各种声音中分辨出熟悉的、有意义的声音,如妈妈的说话声。

懂得简单的词、手势和命令,理解具有情境性。7-8个月的婴儿听到“妈妈”的声音时会看母亲,听到“爸爸”的声音时会看父亲;如果大人边念儿歌边做相应的动作,婴儿能记住,也会学着做相应的动作;有意识地模仿语音,并以此为乐;听到大人说“不”会停止活动;会用点头或伸手表示“要”,用摇头或皱眉表示“不要”;开始能表达自己,而不是单纯模仿;手势语发展很快。

7-9个月婴儿语言的发展表现在能听懂几个简单的词,包括“拍手”“再见”,也知道身体部位和家人的称谓。这些为他在社会交往中添色不少。所以,婴儿沉迷于模仿照护者的发音,似乎急于掌握人类的语言。

3.认知

这一时期的婴儿似乎对任何东西都感兴趣,尤其是常见的生活用品。任何东西到了婴儿手里都要经过一番五花八门的“研究”,因为只有这样,婴儿才能真正了解它们,这一过程也为婴儿按物品特性使用它们提供了前提。但婴儿如此随性地对待物品,难免会给自己及客体带来伤害。所以,他需要了解自己的行为将会如何影响到他人和他物。事实上,婴儿是可以做到的,因为这个月龄段的婴儿已发展出行为模仿能力,照护者正确地示范对人对物能为婴儿树立榜样。7–9个月婴儿认知发展的另一重要成果是客体永久性产生了。而且,他开始对拥有物品有所知觉,从他手里拿走东西变得不那么容易了。

4.情感与社会性

7–9个月的婴儿在进行社会交往时,婴儿越发明确他人的动作和语言是在向自己传递“意图”,即要告诉自己些什么。所以,他也会努力去模仿照护者的肢体动作和语言,向照护者传达自己的需求和愿望。因此,婴儿可以从照护者那里学习关爱。

婴儿日益增强的认知能力甚至可以让他们读懂照护者的表情,而这些交流的表情会感染到婴儿。当你表扬婴儿时,他会洋洋自得;当你责骂他时,他会不高兴。但消极情绪是人生命中难以避免的。所以,这一阶段的婴儿在照护者的帮助下能渐渐了解这一点,并学习平复不良情绪。正是在和家人越来越深的情绪情感交流中,婴儿对家人和陌生人的差别反应更加明显。

二、7–9个月婴儿的教育策略

(一)动作的训练

1.大肌肉动作的训练

(1)独坐练习。对于能独坐的婴儿可加强婴儿在独坐时的身体控制与灵活性,如婴儿独坐时提供手持玩具供其玩耍,解放双手也可有意引导婴儿在独坐时左右扭头和上身增加他独坐时的平衡能力。注意练习独坐的时间不宜久,以免造成他肌肉或脊柱损伤,要循序渐进。

(2)爬行练习。7个月的婴儿可以练习抵足爬行。在婴儿前面放一些玩具逗引婴儿双手往前,照护者用手抵住婴儿的两只脚,使婴儿的脚成蛙型,用手掌抵住宝宝的脚心向前推,帮助婴儿用力向前爬。照护者要注意配合婴儿双手的动作,帮助婴儿轮流移动手和脚,从而向前爬。

(3)站立训练。将婴儿双腿分开使其重心降低,让幼儿站得更稳,扶着婴儿腋下让他练习站立或扶住婴儿一只手,让其平稳站立。必要时可用婴儿喜欢的玩具等辅助激发幼儿想要站立的兴趣,注意每次扶站时间不宜过久。

2.精细动作训练

抓放可逆训练。照护者在桌上给婴儿准备套碗(套塔),逗引他把大的碗放在下面、小的碗放在上面,玩垒高的游戏,照护者可以适当帮忙让婴儿体验成功的快乐。通过类似的练习可以培养婴儿手的灵活性,锻炼婴儿手部动作的准确性和手眼协调能力,增强空间感知能力。

7个月后的婴儿可以训练他双手玩玩具,可以让他练习用拇指配合其他手指抓起积木。还可以训练婴儿用一只手中的玩具对击另一只手中的玩具,发出声音时,给予他奖励,这样能促进他手—眼—耳—脑感知觉能力的发展。

9个月的婴儿可以学习拇指、食指准确捏取,以加强婴儿手指动作的灵活性和视觉—触觉活动的协调。选择一些小的、可食用的物品如米花、小饼干等,让婴儿捏取。教的时候照护者可给予示范,如用拇食指捏取饼干放入口中,让婴儿模仿练习。

(二)语言支持

7–9个月的婴儿会在咿呀学语中渐渐发现语言的意义,逐步理解常用语词的含义。照护者应重视在亲子交往中为婴儿提供语言发展的机会,能借助多种方式帮助婴儿理解常用概念。借助简短的故事情境,再现婴儿日常生活中熟悉的生活环节与婴儿对话。比如抱着玩具说:"宝宝,该洗澡喽!"观察婴儿聆听后的反应。将婴儿熟悉的词汇串编成有故事情节的儿歌,有节奏地念给婴儿听。在其他游戏活动中渗透常用语词,结合具体情境让婴儿更容易理解。

(三)认知发展

7–9个月婴儿的认知伴随着其各方面生理、心理的发展,表现为他们各项认知能力的扩展,选择性、有意性内容的增加。首先在注意力方面,婴儿注意的对象和注意的选择性在范围上逐步扩大,可以通过教婴儿认识、观看周围生活的事物,去引起婴儿的好奇心,发展婴儿的观察力。在记忆方面,此阶段长时记忆保持的时间逐步延长,此时,可以为婴儿提供各种刺激来巩固长时记忆。在听觉方面,婴儿的好奇心强烈,对外界的事物非常关心,对声音比较敏感,在此阶段可发展他对音乐的感知。向婴儿提供的音乐以轻柔、节奏鲜明的轻音乐为主,节奏要有快慢、强弱变化,提高他对音乐的感知能力。或让婴儿敲打一些不易敲碎的物体,引导婴儿注意分辨敲打不同物体所发出的不同声音以提高婴儿对声音的识别,发展对物体的认识能力。

(四)情感和社会性培养

7–9个月的婴儿社会交往技能很有限,所以他们的同伴交往更多是关注,是在成人帮助下的以客体为中心的交往。照护者可以经常带婴儿进行同伴交往,从婴儿之间的相互认识开始鼓励婴儿之间的相互观察。此阶段婴儿对人的分辨能力发展较好,可以认出自己家里的人,出现认生现象,但和不认识的小朋友交往却没有这种情况,他们能在与同伴交往中获得乐趣。因此,照护者应努力创造条件，多带领婴儿去一些小朋友多的场所如社区、公园等，让婴儿与同伴接触、交往，促进其社会性发展。注意婴儿出现认生是正常现象，如果婴儿特别认生，可暂避生人，先训练婴儿多与熟人交往，慢慢地再让婴儿与陌生人接触，不可操之过急。

学习评价

任务名称	评价内容	评价等级				
		优秀	良好	中等	合格	不合格
7–9个月婴儿的发育指标与教育策略	熟悉7–9个月婴儿的发育指标					
	掌握7–9个月婴儿的教育策略					
	能根据7–9个月婴儿的发育指标评析婴幼儿的发展情况					
	能将7–9个月婴儿的教育策略运用到婴幼儿教育实践中					
	尊重婴儿身心发展规律，关爱婴儿，具有爱心、耐心和细心的品质					
	能正确看待7–9个月婴儿身心发育水平的差异					

备注：请同学们根据自己对任务内容的掌握情况，在对应的等级打“√”。

任务四
10-12个月婴儿发育指标与教育策略

任务描述

通过开展主题活动“宝宝站起来了”，让婴儿通过练习站立，发展婴儿大动作能力。通过儿歌互动游戏，婴儿能享受与人交往的快乐，有助于培养婴儿开朗的性格和交往能力。

任务准备

1. 教具：音乐《妈妈背宝宝》，猫、苹果、太阳的图片。

2. 学具：每人一只小筐，一个透明有盖的瓶子，5-6颗小木珠。

3. 环境创设：淡粉色墙壁，彩色软垫子，婴儿可能爬、摸、碰及的地方均以海绵垫包裹，室内的挂饰、摆放的物品尽量少，散落一些捏响玩具、小毛绒玩具、拉绳（在小玩具上拴绳）玩具及水晶球等，配合舒缓、温馨的音乐。

操作流程

一、问候点名

“宝宝好！”被点到的婴儿和教师招招手，教师给婴儿贴一个小星星在手背上，妈妈也鼓励婴儿一下。

二、教师示范儿歌《纸风车》，引导家长抱婴儿做相应动作

1. 教师示范朗诵儿歌《纸风车》一遍。

2. 教师边念儿歌边做示范动作。

（1）纸风车，像轮盘（握住婴儿的手腕，慢慢转动，做绕线动作）。

（2）摇一摇，转一转（动作同上）。

（3）吹一吹，转得快（对着婴儿双手吹气，然后握住婴儿的手腕转得快一些）。

（4）吹吹转转真好玩（动作同上）。

3. 家长抱婴儿随着老师的儿歌做动作。

三、大运动：站起来喽！

1. 让婴儿拉着妈妈的手站起来。

2. 家长将婴儿抱到椅子前面，家长手摇发响玩具，逗引婴儿扶着椅子站起来，并鼓励婴儿扶着椅子尝试跨步。家长要及时表扬鼓励。

四、认知：认图片

1.教师反复出示画有小猫、皮球、苹果、太阳等的图片，并告诉婴儿这些图片的名称。

2.家长带婴儿去学认图片，家长指着图片说名称，并拉着婴儿的手去拍一拍这张图片。

五、精细动作：捏木珠

1.引发兴趣

家长抱着婴儿围坐一圈，教师将装有彩色木珠的瓶子举起来并摇动，使其在瓶中滚动以发出响声，教师说："多好看的木珠啊，来，我们和它做游戏。"

2.家长和婴儿一起玩游戏

每位家长将装有木珠的瓶盖打开，把木珠倒在小塑料筐里，告诉婴儿："这是木珠。"家长边说边将木珠一粒一粒从筐里捡起来放进瓶子里，放进三至四粒后，让婴儿试着用拇指、食指捏起木珠放进瓶子，如放不进去，可让婴儿把木珠捏起放在家长的手上，由家长放进瓶子里。等都放进去后，盖起盖子，摇一摇，发出声音，可反复进行。

六、亲子游戏：妈妈背宝宝

1.请家长将婴儿背在背上，提醒婴儿扶好妈妈的肩膀。如果婴儿还扶不稳，妈妈可稍弯腰，让婴儿俯卧在妈妈背上。

2.妈妈随儿歌节奏双脚起踵，使婴儿获得一颠一颠的感觉。

3.音乐起，全体妈妈随音乐一起绕大圈，妈妈听着教师的指令：快走、慢走、轻轻走，重重走等。妈妈也可以边走边重复教师的指令，如："慢慢走喽——快快走喽——重重走喽——轻轻走喽——公园到喽——停！"让婴儿也学听指令。

附儿歌：《妈妈背宝宝》

好妈妈，妈妈好，
妈妈背着小宝宝，
去哪里？去公园，
公园的花儿开得早。

七、结束时——认知活动：认鞋

(1)穿鞋：家长说，"宝宝，穿鞋喽，伸出脚来"。让婴儿学习"伸出脚来"的动作，把脚伸出来让家长把鞋穿上。

(2)给老师看鞋:家长把婴儿抱到老师处,说,“宝宝,鞋呢? 告诉老师”。鼓励婴儿指一指或摸一摸自己的鞋。

任务分析

婴儿从卧位、坐位到站立,是大运动功能发展的一个重要阶段,对婴儿的心理发展也有非常重要的影响。婴儿在学认图片过程中,让婴儿初步认识图片与名称之间的联系。通过拇指与食指的捏物训练,发展婴儿的精细动作。通过儿歌互动游戏,婴儿能享受与人交往的快乐,有助于培养婴儿开朗的性格和交往能力。

学习支持

一、10–12个月婴儿的发育指标

(一)生理方面

10–12个月男女婴儿在身高、体重、头围和胸围方面存在一定的差异,如表4–5所示。随着月龄的不断增长,10–12个月婴儿,上颌和下颌开始长出第一乳磨牙。每天睡14小时左右。

表4–5　10–12个月男女婴儿在身高、体重、头围和胸围方面发育状况

指标	男孩	女孩
平均身高	约78.02厘米	约76.36厘米
平均体重	约10.42千克	约9.64千克
平均头围	约46.93厘米	约45.64厘米
平均胸围	约46.80厘米	约45.43厘米

(二)心理方面

1. 动作

10–12个月的婴儿开始学习独立行走了。虽然只是摇摇晃晃的几步,但这一能力的出现使婴儿与其他所有动物区分开来。10个月的婴儿开始扶物迈步。11个月,可独自站立片刻。12个月,能牵着手走路,有的能独走几步。随着行走的熟练,婴儿的独立性也会表现得更加突出。

婴儿的手在学习行走的过程中逐步被空闲出来,它除了继续精细化以外,还能在认知的引导下学习按照事物的属性操作,如拧瓶盖、拿扫帚、拾纸片等。10个月,婴儿拇指、食指的动作已经相当熟练,学会了自己松手放下东西,能主动放下手中的东西去拿其他物品。11–12个月,婴儿能够把小球放入盒子中,能拿笔涂鸦,并能几页几页地翻开图画书。

2.语言

9-12个月的婴儿开始模仿别人的发音,语言中枢开始发育,不同的连续音节明显增加,能听懂大部分的简单口语,能用较清晰的语言来表达自己的意思和情感。12个月左右的婴儿开始真正理解照护者的语言。他们知道大人在谈论自己时会表现出害羞,这是婴儿理解大人谈话的表现。

12个月左右的婴儿能够有意识地称呼爸爸、妈妈,还能说出两三个词;能理解大人的话并用手势回答,如问"你几岁啦",会竖起手指表示;爱听熟悉的话,会照着听到的一些话去做,如"坐好"等。在语言发展方面,婴儿将从此摆脱更多的"听众"身份,因为他能够开口说最常用的词,如妈妈、爸爸等。婴儿能理解的词也在呈几何变数增长,所以,他现在能听懂许多常用的语言指令,能配合照护者穿衣、吃饭、洗澡,也能简单地帮点小忙,如收拾玩具。不过10-12个月的婴儿仍然是接收、理解语言大于表达语言,而且在以后相当长的时间里都是如此。

3.认知

10-12个月的婴儿开始探索事物的属性,这一探索过程加深了婴儿对因果关系的认识,他越来越明确如何借助已经掌握的行为能力去解决问题,即皮亚杰所讲的婴儿的手段与目的开始分化,婴儿的智慧行为即将产生。这时的婴儿在面临一个已知的问题情景时,能表现得游刃有余。除了关注自己的探索外,婴儿比以前更会观察学习照护者,他有着惊人的模仿能力,而且此时开始的模仿具有更明显的社会适应价值。婴儿也关注自己,喜欢照镜子是个典型的例证。婴儿会花很长时间比对镜子里的人和自己在行为上的联动,他很快会明白镜子里的人就是自己。

4.情感和社会性

从现在开始,婴儿会发展手势语和体态语,如用摇头表示"不",用更加精准的表情动作表达内心感受。这一社交能力在婴幼儿语言熟练之前,会呈现出快速且复杂的发展,甚至会超越照护者的期待水平。

语言和认知的发展还使婴儿的生活增添了一项新的内容:他开始对看图画书感兴趣。图画书中简洁、明快、色彩鲜艳的实物形象,配以其乐融融的亲子感情交流,是婴儿最享受的时光。婴儿生活上的独立也在继续。随着肠胃消化吸收能力的增加和对营养全面化的要求,一岁左右的婴儿要开始断乳了,这对于正处于亲子依恋高峰期的婴儿来说是件相当困难的事。

二、10-12个月婴儿的教育策略

(一)动作的训练

1. 大肌肉动作训练

(1)站稳练习。10-12个月的婴儿已经能够独自站立片刻。在此阶段一开始可让婴儿用一只手扶着站,或者靠墙站,逐步使婴儿独自站立片刻。可以让婴儿借助周围的物体如围栏等从座位上站起来,双手拉着照护者或者扶着东西站立。照护者要鼓励表扬婴儿的行为,使幼儿得到鼓励与成就感,增加站立的兴趣,照护者要根据婴儿发展的实际情况进行训练,注意随时做好防护,并适时延长站立时间。

图4-11　11个月婴儿站立

(2)行走练习。照护者要根据婴儿行走动作的发展规律,循序渐进地练习。照护者要进行扶着行走练习,即让婴儿先用双手扶着人或物向前走。在开始时,照护者让婴儿的双手用力扶着自己的手,让婴儿用自己的力量一步一步地向前走。在学走期间尽量不要靠“学步车”一类工具辅助,以免小孩形成不正确的行走姿势。随着练习次数的增多,婴儿从走不好、走不稳逐渐过渡到行走的动作逐渐稳当,行走的距离逐渐增大。在扶着行走的动作逐渐熟练后可对婴儿进行独自行走练习,注意独自行走练习的时间不宜过长。

2. 精细动作训练

10-12个月婴儿的手功能发展,以提高单个手指的灵活性,手指配合以及学习按照事物操作为主要内容。

用手能力训练。此阶段的婴儿,手的精细动作的灵活性逐渐增强,用拇指和食指能捏起一些小的物品。照护者可以对婴儿发出一些指令,如把瓶盖扣到瓶子上,把木块堆起来,转动玩具,用手翻书,按按钮,扔皮球,拾东西等。或者给婴儿提供一些带空洞的玩具,让婴儿将一些东西从空洞中投入,通过这些活动,可锻炼婴儿手指的灵活性与协调性。

双手协作训练。照护者让婴儿握(用全掌握)着彩笔,在白纸上乱涂乱画,训练手、手腕的诸多关节与小肌肉群协调动作,为顺利学会执笔打好基础,通过训练可以发展婴儿双手的协调性,增强手腕转动的能力。

(二)语言支持

10-12个月婴儿语言的教育主要放在丰富常用词汇、鼓励婴儿语音模仿、说单个词,以及借助简单的手势、体态语与他人交流几个方面。我们可以开展亲子阅读活动,借助简洁、明快、色彩鲜艳的常见实物图片向婴儿传递词语。创设游戏情景,通过照护者的语言回应、模仿和声音回放等多种形式引发婴儿发音说词的兴趣。帮助婴儿明确想法，并同时呈现语词和相应的手势、体态语供婴儿模仿学习。

10–12个月的婴儿开始有了模仿言语的能力，妈妈张大嘴说“啊”，婴儿也会跟随妈妈张大嘴“啊”，这是有意识地发音，实际上是学习说话的开始。这段时期和孩子说话是相当重要的，照护者能发的音孩子基本上都能模仿，不要以为孩子听不懂，其实他们一直在有意无意地感知声音、积累发音的经验。在活动中伴随着语言刺激，让婴儿学说话。父母带婴儿去超市，可以教婴儿认识超市里的常见水果和其他日常生活用品的名称。婴儿要拿桌子上的橘子时，妈妈说：“宝宝要拿桌上的橘子吗？来，妈妈帮帮你。”妈妈拿来一个小板凳，让婴儿站上去，婴儿伸手拿到了橘子，妈妈对婴儿说：“宝宝拿到了橘子，高兴吗？真能干。”

（三）认知发展

1.视觉发展

照护者要在日常生活中不断引导婴儿观察事物，教婴儿认识实物，扩大婴儿的视野。多带婴儿外出，可经常提醒他注意遇到的字，如广告招牌、街道名称等。应尽早让婴儿接触图画书，培养婴儿对文字的注意力和敏感性。

2.听觉发展

照护者要为婴儿创造良好的语言环境，可促进婴儿更多地听到语言，渐渐熟悉语言和理解更多的语言。这个时期的婴儿开始会说“爸爸”“妈妈”等一些简单的词，而且大部分婴儿会对有声响的玩具特别感兴趣。因此，照护者可以借助发声玩具、日常的语言交流、故事儿歌等增进婴儿倾听的机会，促进婴儿听觉的发展。

（四）情感和社会性培养

在10–12个月婴儿的情感培养中，可以给婴儿的情绪、情感命名，增强婴儿对它们的认知，可借助游戏的形式进行，也可在其他活动中渗透。借助角色（娃娃、玩偶、动物、图画书中的主人公等）向婴儿展示各种情绪情感状态，使婴儿对他们有更清晰的认知。照护者要关注婴儿的情绪情感状态，尤其是对婴儿的负面情绪给予认可和接纳。

10–12个月的婴儿与成人的交往不管是形式还是内容都复杂了许多，婴儿在亲子游戏中更加积极主动，在交往中与成人的语言、情感交流更加频繁，还能在日常生活环节中配合成人做事。照护者可以创设简单的故事情节与婴儿开展按成人指令做事的游戏，如“推着小车买水果”，婴儿按照成人的语言指令拿相应的水果玩具。照护者还应经常带婴儿外出活动，让婴儿多接触丰富多彩的大自然，接触社会，从中观察学习与人的交往经验。

学习评价

任务名称	评价内容	评价等级				
		优秀	良好	中等	合格	不合格
10-12个月婴儿的发育指标与教育策略	熟悉10-12个月婴儿的发育指标					
	掌握10-12个月婴儿的教育策略					
	能根据10-12个月婴儿的发育指标评析婴儿的发展情况					
	能将10-12个月婴儿的教育策略运用到婴儿教育实践中					
	尊重婴儿身心发展规律，关爱婴儿，具有爱心、耐心和细心的品质					
	能正确看待10-12个月婴儿身心发育水平的差异					

备注：请同学们根据自己对任务内容的掌握情况，在对应的等级打“√”。

任务五

13-18个月幼儿发育指标与教育策略

任务描述

通过主题活动“苹果”，训练幼儿的感知觉，从而促进幼儿小肌肉动作的发展，发展其认知，从而使其情感和社会性进一步发展。

任务准备

1.苹果两个(一个装在神秘袋内、一个切成丁装在盘子里)、竹制水果叉若干、纸巾盒一个、小桌子一张。

2.有孔的玩具苹果、穿孔的小棒、绳线、托盘等。

3.玩具娃娃若干。

操作流程

一、教师引导幼儿认识苹果的名称，感知苹果的外形、颜色和味道

1.教师出示神秘袋，动一动袋子，激发幼儿参与活动的兴趣。

2.教师引导幼儿运用各种感官认识苹果。

(1)摸一摸：将苹果藏在袋内，请幼儿摸一摸，然后猜一猜里面是什么，再打开袋子，让幼儿触摸苹果光滑的皮，并告诉幼儿这是苹果。

(2)看一看：引导幼儿观察苹果的外形(圆圆的)和颜色(红红的)。

(3)听一听：引导幼儿倾听削果皮和切果肉的声音。

(4)尝一尝：鼓励幼儿品尝苹果的味道(甜甜的)。

3.教师引导幼儿自己抓握水果叉品尝苹果。

4.鼓励幼儿与同伴一起分享苹果，体验分享的乐趣。

二、教师引导幼儿学习穿的动作，锻炼双手协调能力

1.教师出示玩具苹果，引导幼儿观察。

教师出示玩具苹果，说：“宝宝看，这里有一个红红的、圆圆的苹果。哇！上面有好多洞洞呢！”接着引导幼儿观察玩具苹果上的小孔。

2.教师示范穿、拉的动作。

教师出示穿着绳线的小棒，说：“这是一条好长的小虫哦，又香又甜的苹果引得小虫嘴馋了，小虫在苹果里钻来钻去。”教师先用手捏住小棒将绳线穿过苹果小孔的一端，再从小孔的另一端拉出绳线，示范穿、拉的动作。“宝宝看，小虫

又钻进去了，钻啊钻，钻啊钻，小虫又钻出来了。”教师反复示范穿、拉的动作。

3.幼儿练习，教师巡视。

三、教师引导幼儿念儿歌《我是一个大苹果》

1.教师请幼儿当爸爸或妈妈。

2.请幼儿坐在地上，伸直双腿，玩具娃娃坐在幼儿的腿上，幼儿双手扶住玩具娃娃，边念儿歌边抖动双膝。

3.请幼儿在念到儿歌的最后一句时，将玩具娃娃从腿上滑落。

4.教师通过儿歌告诉幼儿吃苹果前要记得先洗手，做个讲卫生的好幼儿。

我是一个大苹果（儿歌）

我是一个大苹果，小朋友们都爱我。

要想吃我先洗手，要是手脏别碰我。

任务分析

本次主题活动引导幼儿从视觉、触觉、味觉等多种感官来感知苹果的颜色、形状和味道；同时通过虫吃苹果的游戏促进幼儿小肌肉动作的发展，让幼儿在游戏中对苹果有更加直观、正确的认识；此外，在游戏进行中，不仅培养了幼儿的语言节奏感，同时还让幼儿知道了吃苹果之前要洗手。

学习支持

随着月龄的增长，幼儿在1岁后的发展表现与1岁前有显著差异，主要体现在生理和心理方面。生理方面主要指身高、体重、头围、胸围等等；而心理方面，这一时期的幼儿其手眼配合能力提高；能听懂成人的日常用语；会有意识地叫爸爸、妈妈和周围熟悉的人；认识常见的实物；知道自己的名字。

一、13-18个月幼儿的发育指标

（一）生理方面

13-18个月男女幼儿在身高、体重、头围和胸围方面存在一定的差异，如表4-6所示。

表4-6　13-18个月男女幼儿在身高、体重、头围和胸围方面发育状况

指标	男孩	女孩
平均身高	约83.52厘米	约82.51厘米
平均体重	约11.55千克	约11.01千克

续表

指标	男孩	女孩
平均头围	约48.00厘米	约46.76厘米
平均胸围	约48.38厘米	约47.22厘米

随着月龄的不断增长，13个月至18个月幼儿，上下第一乳磨牙大多长出，乳尖牙开始萌出；会将食物嚼碎并能协调地搅拌后咽下；前囟门闭合；能控制大便，白天逐渐能控制小便。

（二）心理方面

1.动作

1岁左右幼儿进入学步期，13–14个月能独立行走，但走不稳，两下肢呈分开姿势，基底很宽，每步的距离、大小、方向不一致，肩部外展，肘弯曲。15–17个月幼儿能蹲着玩，可以蹲下捡拾掉到地上的东西，扶栏杆爬楼梯，绕物体转弯时还不灵活。同时，幼儿手眼活动从不协调到协调，逐渐灵活，双手的动作也越来越复杂。13–14个月幼儿会把小物品装进小瓶，用笔在纸上乱涂；15–17个月能叠2块方积木，会翻页，用蜡笔乱涂乱画。

2.语言

1岁前的幼儿严格地来说还不会说话，从1岁开始正式进入学习语言的阶段。这个阶段的幼儿能听懂照护者的日常生活用语，如“谢谢”“再见”“我们”等；能根据照护者的指令做出相应的行为反应；能说出自己的名字、某些要求和一些实物名称；能对日常生活中的一些事物进行命名，如把汽车叫作“嘀嘀”，把小狗叫作“汪汪”等；能够背诵儿歌的押韵词及哼唱一两句儿歌；喜欢重复听同一个故事，通过重复、熟记学到经验。这一时期幼儿的语言发展，主要表现为单词句。单词句主要有三个特点：第一个特点为单音重叠，比如“爸爸”“妈妈”“抱抱”。第二个特点为一词多义，比如，幼儿说“帽帽”，有可能指帽子掉地上了，让妈妈帮忙捡；也有可能是他要带上帽子出去玩了；还有可能是让妈妈给他买一个新帽子等，具体什么意思，要结合当时的语境才能明白。第三个特点为以词代句，他的句子就是一个个的词语，能够用言语、手势和表情来表达自己的需要和照护者交流。

3.认知

13个月至18个月的幼儿在视觉、听觉、触觉方面的发展越来越成熟，并且能够把它们协调统一起来，在同一时间内，可以用耳朵听、用眼睛看、用手去摸。这个阶段的幼儿能够注意到悬挂于3米远的玩具，能够区别不同的声音；能通过手来了解物体的一些特性；能分清物体的大小，进入手探索期。在1岁半左右想象开始萌芽了,这个时期的想象有两个特点:第一,记忆表象在新情景下的复活,比如看到了玩具小碗就想起了妈妈喂自己吃饭的情景;第二,简单的相似联想,看到弯弯的月亮,想起了弯弯的香蕉,所以当幼儿看到月亮的时候,他会说:"妈妈,我要吃香蕉。"这一时期的幼儿,思维开始萌芽,有了初步的思维活动,对事物的认知已经向整体和多方面发展。他不再是拿着东西敲敲打打,单纯地摆弄,已经能够根据物体的特性来使用。这个阶段的幼儿能初步感受物体的数量差别,比如幼儿知道用手去抓数量多的糖果或挑选大的苹果。

4.情感与社会性

13个月至18个月的幼儿开始对家里人、宠物、玩偶表现出自己的喜爱;喜欢注视成人的行动并模仿,在照护者做家务时或穿脱衣服时能帮点忙;遇到困难时会请求帮助,当其要求遭到拒绝时会扔东西、发脾气。同时,开始出现了游戏的需要和与同伴交往的需要。13个月至18个月幼儿的儿童玩伴关系是简单的相互作用阶段。

13个月至18个月的幼儿进餐时不完全需要照护者帮助,会自己用勺子吃饭而不用手抓,但饭粒会掉满桌子;很喜欢参加社交聚会,会倾听别人的谈话,同时自己也会说一两个有意义的词,如"不要"等;在各种活动中会试着对别人有所帮助;当听到"不"后能停止自己所做的事。

二、13–18个月幼儿的教育策略

(一)动作训练

1.继续训练幼儿独立行走的能力和行走的稳定性,以促进运动的协调性和躯体的平衡能力。照护者可以牵着幼儿让其大胆地往前走;也可以和幼儿一起玩拖拉玩具车,教幼儿拉着小车向前走、侧着走、倒退走等。

2.训练幼儿蹲、弯腰动作。可以先在婴儿的脚前摆放上幼儿比较喜欢的玩具,照护者用手紧握着婴儿的一只手,诱导幼儿注意脚前的玩具。注意在蹲的时候,让幼儿慢慢蹲下,直到他能拿到玩具,刚开始时照护者可给予适当的帮助,随着练习次数的增加,逐渐减少帮助,直至幼儿自己去努力完成蹲的动作。

3.训练幼儿手的灵活性和准确性。例如,教幼儿做模仿操,配合节拍活动手脚和身体;和幼儿玩穿珠子、套碗的游戏;也可以让宝宝玩搭积木、叠套盒、把棒状物插入小孔、将小物件放进小瓶子或从小瓶中取出的游戏。

(二)语言支持

13个月至18个月的幼儿对语言学习有一种特殊的热情,特别喜欢与照护者说话或听别人说话;相同的话也喜欢听好几遍,不厌其烦。照护者在教育孩子时要有耐心,多鼓励。平时利用一切机会与幼儿多说话交流。在和幼儿交流时,除了要用生活化、温暖有趣活泼的语言外，还需要记住三点：第一，要用简单的语言；第二，进行适当的重复；第三，语速要慢。为了更好地训练幼儿说话，照护者可以与幼儿玩游戏，在游戏中，让幼儿执行简单的命令，如会指鼻子、会摸耳朵、会眨眼睛等等；还可以玩打电话游戏。总之，要抓住各种机会让幼儿开口说话。

（三）认知发展

1.注意能力的培养

（1）注意的目的。照护者可以给幼儿提供一些水果、蔬菜、动物等常见物品的拼图玩具让幼儿玩，拼图可以培养幼儿注意的目的性。注意提供的拼图图案要单一，尺寸要适合，拼图块数要少，随着幼儿拼图能力的增加可随时调整难度。

（2）注意力的稳定性。幼儿注意力短暂，不稳定，照护者可以和幼儿玩指令游戏或按照指令取物。如，对于小一点的幼儿，可以简单地让他拿几样东西，在此过程中不断调动幼儿的兴趣，以延长他注意力集中的时间。

（3）注意的分配性。此阶段幼儿的注意广度不断地扩大，照护者在发展幼儿注意的广度的同时发展他注意的分配能力，如一边听儿歌，一边玩玩具、一边听故事，一边做动作。

2.记忆力的培养

（1）实物记忆练习。如饭后，照护者将洗好的水果装盘并端上来，告诉幼儿盘里装的都是什么水果，水果都是什么颜色的，让幼儿尝一尝。接着让幼儿把苹果送给爸爸，把香蕉拿给奶奶，把桃子拿给妈妈。间隔一段时间，情景可再重复。

（2）和幼儿一起回忆。照护者和幼儿一起回忆不久前发生过的事情有助于幼儿记忆的强化，比如，刚才去哪里玩了，我们刚才去的动物园有哪些动物等等。照护者的经常式询问，可以帮助幼儿更好地回忆。因此，照护者要在日常生活中多带幼儿去户外，回家后要与幼儿一起回忆当天的见闻。

3.思维能力的培养

（1）发展幼儿解决问题的能力。13–18个月的幼儿，简单概括行为的开始，但这种概括行为是根据事物最鲜明、突出的外部特征进行的。幼儿在遇到问题时，会通过尝试错误来寻找解决问题的方法，这时照护者不能强加干预指导，要给幼儿解决问题的时间和空间，适当的时候可以用“伸出”“倒转”“挪动”等词帮助幼儿自己选出解决问题的方法，同时扩大在解决类似问题时使用这种方法的可能性。

（2）发展幼儿思维的灵活性。教幼儿用同种玩具进行不同的玩法，发展幼儿的发散性思维，防止思维定式。照护者可以在日常生活中提问幼儿某个物品的用途，如钥匙可以用来做什么，筷子可以用来做什么，等等，为幼儿进行建构游戏奠定基础，让幼儿知道一物多用的好处。

4. 想象力和创造力的培养

（1）模仿游戏。游戏能促进幼儿创造性想象的发展。照护者可指导幼儿模仿日常生活情节的游戏，可由成人设想游戏的内容以指导幼儿游戏。

（2）利用绘画培养儿童的想象力和创造力。绘画不仅可以促进幼儿手部精细动作的发展，而且还能发展幼儿认识事物的能力以及审美能力。在日常生活中，可以让幼儿根据喜欢的事物用绘画的方式进行表达。

（3）看带有图画的绘本。通过看图片，认识图片中的人物、物品，引导幼儿根据图片中的人物进行想象，给幼儿发挥的空间。

（四）情感和社会性培养

13个月至18个月的幼儿知识在增长，脾气也在增长，不如意时会扔东西、发脾气，表示不服从。此时，照护者不要呵斥幼儿，其注意力很容易分散，可以用别的事情吸引他，他会很快忘掉不愉快的事情。经常带领幼儿去参与活动，给他建立相对稳定的玩伴关系，观察幼儿的兴趣点并给予积极正向鼓励。

如果全家人都以幼儿为中心，尽力照顾幼儿的生活起居，就会使幼儿不懂得关心别人，不懂与人分享，非常自我。照护者要注意教会幼儿关心他人、学会分享，使幼儿以后能更好地适应社会，享受生活的快乐。

学习评价

任务名称	评价内容	评价等级				
		优秀	良好	中等	合格	不合格
13–18个月幼儿的发育指标与教育策略	熟悉13–18个月幼儿的发育指标					
	掌握13–18个月幼儿的教育策略					
	能根据13–18个月幼儿的发育指标评析婴幼儿的发展情况					
	能将13–18个月幼儿的教育策略运用到教育实践中					
	尊重幼儿身心发展规律，具有热爱幼儿教育事业的情感					

备注：请同学们根据自己对任务内容的掌握情况，在对应的等级打“√”。

任务六
19–24个月幼儿发育指标与教育策略

任务描述

通过开展主题活动“我爱洗脸”，锻炼幼儿的动作、语言以及认知，进而促进其社会性方面的发展，从而帮助幼儿养成良好的卫生习惯。

任务准备

挖洞的大纸人手一张（洞口用彩笔勾边）、玩具娃娃一个、毛巾人手一条、音乐《小小毛巾爱玩水》。

操作流程

一、照护者引导幼儿分辨五官，并说出五官的名称

1. 照护者示范玩法

照护者拿出白纸，将白纸打开展示：“宝宝看，这里有一张白纸，上面有一个洞洞。”照护者边说边用手指绕洞口一周，说：“接下来幼儿要仔细看，看看谁从洞洞里跑出来了。”照护者将洞口对准嘴巴，问：“宝宝看，谁跑出来了？”照护者边说边用嘴巴做各种动作。再将洞口对准脸上其他五官（如鼻子、眼睛、眉毛等），重复一至两次。

2. 照护者引导幼儿玩游戏

照护者引导幼儿玩游戏：“宝宝来我的脸上找一找，看看谁跑出来了。”

二、照护者引导幼儿表演洗脸动作

1. 照护者示范动作

照护者出示玩具娃娃和毛巾，说：“波波刚刚做运动，脸上有好多汗，我们用毛巾来给波波洗洗脸吧！”照护者边说边示范动作：“波波的脸洗干净了，闻一闻，好香啊！”

2. 照护者引导幼儿游戏

照护者说：“宝宝刚刚运动了流了很多汗，我们用毛巾来洗洗脸吧！”

3. 照护者和幼儿一起做动作

幼儿跟着照护者，边听音乐边做动作，2–3遍结束。最后一遍结束后，照护者可以下去闻闻幼儿、亲亲幼儿，对幼儿进行鼓励。

任务分析

本次主题活动，照护者先通过“找五官”游戏，让幼儿认识五官、分辨五官。紧接着，在此基础上，结合音乐游戏“小小毛巾爱玩水”，让幼儿在给五官洗脸的过程中增强幼儿与毛巾之间的互动。同时，洗脸结束后，照护者通过闻一闻，让幼儿初步了解洗脸能让人变干净，讨人喜欢，从而让幼儿体验到快乐，获得发展。

学习支持

19–24个月，幼儿的大运动、精细动作、体能、认知、自我意识等进一步发展。2岁左右出现第一个反抗期，这是幼儿必须经历的阶段，能够帮助幼儿逐渐成长。

一、19–24个月幼儿的发育指标

（一）生理方面

19个月至24个月男女幼儿在身高、体重、头围和胸围方面存在一定的差异。如表4–7所示。

表4–7　19–24个月男女幼儿在身高、体重、头围和胸围方面发育状况

指标	男孩	女孩
平均身高	约89.91厘米	约88.81厘米
平均体重	约12.89千克	约12.33千克
平均头围	约48.57厘米	约47.42厘米
平均胸围	约49.89厘米	约48.84厘米

随着月龄的不断增长，幼儿的视力也在飞速地发展，视力标准约0.5；第二乳磨牙开始长出，牙齿大约有16颗；会主动表示要大小便，白天基本能控制小便。每天睡12–13个小时。

（二）心理方面

1.动作

19至24个月幼儿的动作有了较大的发展。19个月至21个月的幼儿除了会向前走稳外，还能稳定地倒退走和侧方向走；游戏时可蹲下，跑步时可控制速度和绕开障碍物；能拉着玩具倒退走；能扶着栏杆两步踏上一级地走上楼梯；照护者拉着一只手时能处于竖直的体位走下楼梯；能利用椅子或凳子设法去拿够不到的东西。2岁的幼儿能够跑；能自己单独上下楼梯；如有东西掉在地上，会马上蹲下去把它捡起来；喜欢大运动的活动和游戏，如跑、跳、爬、踢球等。

2.语言

此阶段是幼儿学习和运用简单词汇、增加词汇量的关键阶段。他们开始把词连成句，常常将双词或三词连在一起，因像成人的电报式语言，该语言阶段被称为“电报句阶段”。同时，这个阶段的幼儿说话的积极性很高，爱说、爱模仿照护者的语言，会逐渐注意到说话时语序的正常排列。幼儿已经有初步的语法意识；对句型结构比较敏感，能说结构比较复杂的句子，会说出主语、谓语、宾语齐全的句子；能够用两三句短语来与成人对话，也能听懂照护者较为复杂的语言指令。

3.认知

这一阶段的幼儿，自我意识增强，知道哪些东西是自己的，哪些东西是别人的。开始能运用表象模仿照护者做过的行为来解决眼前的问题，能根据他人的反应坚持或调整自己的行为，这也标志着感知动作期的结束，新阶段的开始。这一阶段，日益增强的记忆力对幼儿的各项发展起到了巨大的推动作用，包括说话、模仿、假想游戏等。

将近2岁的幼儿，注意力时间比以前长了，记忆力也加强了，能较好地记忆形象的事物，但不善于记忆抽象的事物。观察、感受过的具体、形象的事物在头脑中储存下来的形象叫表象。表象储存得越多，越有利于幼儿掌握更多的知识以及发展思维和想象力。

4.情感和社会性

19–24个月幼儿自我意识的发展突出表现在独立性的发展。他干什么都喜欢自己来，会出现闹脾气的现象。这时的孩子情绪波动比较大，既有对照护者情感依恋的心理需要，又有独立自主的个性要求，因此造成他矛盾的心理，使幼儿看起来有些喜怒无常。

19–24个月幼儿意志行动的发展表现在他不但有了较明确的目的，而且有了明确的根据目的而决定行动的方法。他们能跟着照护者做简单的动作；能记住自己的名字、衣服，其他小朋友的名字；能按照照护者的吩咐办事；能从照护者的表情知道自己做得对还是不对。

19–24个月幼儿交往的主动性提高，会向父母表达感情，表现友好行为，同情受伤、悲伤的小朋友，能向小朋友表示关心等。更喜欢跟比自己年龄稍大的孩子玩，开始是在一旁很感兴趣地观察他人的游戏，想加入又不敢，总是拉着照护者陪自己和大孩子玩，慢慢地也敢跟着大孩子们跑来跑去了，但一般还不会主动与比自己大的孩子交流。

二、19-24个月幼儿的教育策略

(一)动作训练

1.楼梯攀爬练习

楼梯攀爬练习以愉悦性为核心,楼梯的选取应把握以下几个要点:楼梯台阶低矮、台阶面积相对较大、楼梯两旁设有扶手。

2.跑步训练

跑步训练以增强婴幼儿的大肢体动作稳定性与灵活性为核心,训练应坚持游戏性,方式多样,可引导婴幼儿进行前进跑、后退跑、转向跑,发展水平较高的幼儿可以训练折返跑。

3.精细动作强化

此月龄的幼儿进行精细动作训练应聚焦于手部动作,手部动作的练习旨在促进幼儿用手的专注性、稳定性、协调性和灵活性,如让幼儿用一只手拿小杯子喝水、用夹子夹东西、用笔涂鸦、用勺子舀东西、用空篮子装东西、投掷物品、翻书、握笔、模仿照护者画出线条、圆圈等图形;玩一些简单的拼插玩具;穿扣眼,并将绳子拉出来;把6-7块积木叠起来等。

(二)语言支持

19个月至24个月的幼儿有很强的求知欲,经常会问“这是什么”“那是什么”“里面有什么”“有哪些不同”“它有什么用”等。照护者即使有点烦,也要耐心告诉他。幼儿的记忆力也很强,照护者应该让他们大量掌握词汇,词汇量的迅速增加有利于其语言能力的提高。

图书是很好的语言学习工具,照护者应利用适宜的图书引导幼儿开口说话。有韵律的童谣,情趣盎然又朗朗上口,可以引导孩子背诵,使孩子从说单词句变为说多词句。照护者教孩子说话,重要的不是让孩子记住某些名词,而是让他们把自己想说的事情清楚地表达出来,并能理解别人的意图。照护者须给孩子创造交流环境,让孩子多与人交流。

(三)认知发展

1.观察能力的培养

(1)方位感训练。方位感的练习旨在促进幼儿对上下、前后、里外方位进行感知与分辨。照护者可以在生活中或者游戏中把握住教育契机随机开展方位感训练,如,在做集体游戏时,教师可以用语言提示幼儿所处的位置,如“你在院子里面”“豆豆在你的后面”“老师在你的前面”等。

(2)辨别多少。辨别多少的重点在于帮助幼儿发展数与量的感知能力,如在分蛋糕的时候,引导幼儿比较所切蛋糕的大小;分糖果的时候,比较散落在桌子上的糖果多少等。

(3)高矮比较。照护者可以在日常生活或者游戏中通过比较不同事物引导幼儿进行高矮的比较。例如，在户外感受大树比小草高，若小鸟飞到了枝头最高处，小鸟就比大树高了。

(4)特征感知。对事物特征的感知可以帮助幼儿随意记忆的形成、发展与强化。照护者可以引导幼儿观察水果的外形特征，并询问幼儿颜色是什么、表面摸起来是什么感觉等。

2.记忆力的培养

(1)语词记忆。照护者在游戏中引导幼儿对较熟识的故事或儿歌做补充，从字到词再到句，循序渐进，由简至繁，同时可以锻炼幼儿的表达能力。

(2)实物记忆。给每个小动物玩具编号，请幼儿记住。然后照护者再将号码拿起来，并把号码弄乱，再让幼儿把每个小动物原来的号码贴上，训练幼儿把号码和小动物一一对号入座。

3.思维能力的发展

(1)比大小。照护者可以出示大苹果树、小苹果树；大苹果卡片、小苹果卡片；熊爸爸、小熊大卡片各一张；大筐和小筐各一个，从而引导幼儿去比较理解大小。

(2)按颜色特征将物体归类。在游戏中，可以让幼儿按颜色分别放置物体。例如，将绿色的小球放入到绿色的盒子里，红色的小球放到红色盒子中，而将蓝色的小球放到蓝色盒子中去，等等。

4.想象力和创造力的培养

除了绘画活动之外，还可以通过音乐和故事活动去培养幼儿的想象力和创造力。

(1)音乐感知与欣赏能力。此月龄是幼儿音乐感知能力发展的关键期，照护者通过给幼儿播放音乐，可以帮助幼儿发展想象力，促进幼儿情感与智力的发育，增进幼儿对美的感知力。

(2)培养幼儿续编故事的能力。照护者给幼儿讲故事，讲到某个场景时停顿一下，询问幼儿接下来会发生什么？在不断地引导过程中，幼儿的想象力和创造力会得到发展。

(四)情感和社会性培养

当幼儿处于这个年龄段时，照护者可以逐渐培养幼儿的同情心以及对新事物的兴趣，同时要创造尽可能多的条件让他更广泛地接触周围环境和人群，更多地融入社会。当离开幼儿时，照护者要明确地告诉幼儿自己去哪里，什么时候回来。当照护者回到幼儿身边时，要给予一些特别的关注。要及时地满足婴儿合理的需求，不要让他养成依靠哭闹等手段要挟父母的习惯。幼儿在19至24个月时，会对“分享”这个概念感兴趣，所以照护者要尽量让自己的幼儿和其他小朋友在一起玩耍。一般情况下，幼儿总是在与他人分享之前最先和自己最亲近的人分享。当照护者看到他与别人分享的时候，应该马上对他这种行为表示赞赏。照护者还要教会幼儿关心他人，学会分享，使其以后能更好地适应社会，享受更多的快乐。如果有的幼儿连抓带打，那只是为了引起照护者对他的注意，那么这时最好不要去严厉地责怪他。

学习评价

任务名称	评价内容	评价等级				
		优秀	良好	中等	合格	不合格
19–24个月幼儿的发育指标与教育策略	熟悉19–24个月岁幼儿的发育指标					
	掌握19–24个月幼儿的教育策略					
	能根据19–24个月幼儿的发育指标评析婴幼儿的成长与教养情况					
	能将19–24个月幼儿的教育策略运用到教育实践中					
	尊重幼儿，具有爱心、耐心、关心、细心的品质					

备注：请同学们根据自己对任务内容的掌握情况，在对应的等级打“√”。

任务七

25–30个月幼儿发育指标与教育策略

任务描述

通过主题活动“茶壶”，在粘贴茶壶的过程中锻炼幼儿的动作，在认识茶壶、了解茶壶的过程中发展幼儿的语言与认知，在敲击木棒的过程中培养幼儿的节奏感以及模仿能力。

任务准备

1.茶壶一只。

2.茶壶形状的轮廓底图、毛边纸、皱纹纸、电光纸、茶叶若干、液体胶水。

3.音乐《小茶壶》，节奏棒人手一副。

操作流程

一、教师引导幼儿认识茶壶

1.教师用布遮住茶壶，让幼儿猜猜是什么。

2.教师打开遮布问幼儿：“这是什么？”告诉幼儿茶壶的名称。

3.教师逐一引导幼儿观察茶壶的外形特征：长长的壶嘴、弯弯的壶柄和胖胖的壶身，还有壶盖。

4.教师引导幼儿了解茶壶的功能。

教师提问：“茶壶是用来做什么的？打开壶盖，里面可以放什么？”

教师边演示边小结：“茶壶是用来泡茶的。我们打开壶盖放进茶叶，再倒入开水，盖上壶盖。过一会儿，一手握住壶柄倾斜，茶水就流出来了，好香好香啊！”

二、教师引导幼儿粘贴茶壶

1.教师出示茶壶形状的轮廓底图，再次巩固幼儿对茶壶外形特征的认识。

2.教师出示粘贴材料，引导幼儿感知其不同的质地，如电光纸是光滑的，皱纹纸是粗糙的。

3.出示液体胶水并示范粘贴方法，把“白茶壶”变成漂亮的小茶壶，引起幼儿的兴趣。

4.教师引导幼儿一起粘贴，鼓励幼儿将空白处贴满，进一步装饰小茶壶。

5.分发茶叶，引导幼儿用摸一摸、闻一闻的方法感知茶叶，并将其粘贴到茶壶上，与幼儿玩“泡茶”的游戏。

6.引导幼儿与旁边的小伙伴互相欣赏自己的小茶壶，体验美工活动带来的乐趣。

三、教师引导幼儿有节奏地敲击木棒

1.教师出示节奏棒，相互敲击发出声响。

2.教师随着音乐用一开一合的方法来演奏，让幼儿感知二拍子的节奏。

3.请幼儿拿取节奏棒，自由地尝试打击发出声响。

4.引导幼儿一边听音乐，一边模仿教师一开一合地打击动作，感受歌曲的节奏和旋律。

5.鼓励幼儿尝试自主演奏和收节奏棒。

教师：“宝宝们，现在我们要自己来泡茶了，拿好你们的节奏棒，准备——”（幼儿可能不能按照节奏来敲击，但我们要给幼儿一个尝试的机会。可根据幼儿的演奏情况和兴趣重复演奏。）

6.请幼儿有序地收节奏棒。

任务分析

处于2岁至2岁半阶段的幼儿，对事物的认识主要靠直觉形象思维，所以我们以认识茶壶为切入点，设计了以“茶壶”为主题的系列活动。活动中，我们以茶壶这一物品作为主线，旨在让幼儿通过观察认识可爱的茶壶，并通过歌曲以及进行小茶壶的黏贴画等活动，在认识茶壶外形特征的基础上初步了解茶壶的功能。

学习支持

2-2.5岁的幼儿足部运动能力越来越强，喜欢用脚做事。例如，幼儿见到地上的东西，总是喜欢去踢一踢，还喜欢蹦来蹦去。幼儿开始喜欢和小朋友交流了，而且与小朋友玩耍的时间增长。

一、25-30个月幼儿的发育指标

（一）生理方面

25个月至30个月男女幼儿在身高、体重、头围和胸围方面存在一定的差异。如表4-8所示。

表4-8　19-24个月男女幼儿在身高、体重、头围和胸围方面发育状况

指标	男孩	女孩
平均身高	约94.44厘米	约92.93厘米
平均体重	约13.81千克	约13.41千克
平均头围	约49.31厘米	约48.25厘米
平均胸围	约50.80厘米	约49.67厘米

随着月龄的不断增长，25个月至30个月幼儿的20颗乳牙已全部长出来。

（二）心理方面

1.动作

2岁后，幼儿的运动神经有了明显的发展，其走路的步态与前期相比自如很多，起步跑、双脚跳跃、上下楼梯等渐渐可以摆脱照护者的帮助，也可以踮着脚后跟走了。幼儿走、跑、跳平衡能力得到发展，在钻圈时，会估量高度，懂得把头低下或弯腰、弯膝部，用双脚走过去而不碰到器械。由于能对距离进行估量，到27个月时，幼儿基本能接住反跳球，约有20%的幼儿能接住从1米远抛过来的球。由于其双手、双脚的动作进一步协调、灵活，可以掌握骑三轮车的技术。

2.语言

这一时期的幼儿咿呀学语声基本消失，他会用日常生活中一些常见的形容词，开始用“你”等代名词。幼儿的语言能力发展很快，幼儿说出的话，有75%-80%能被照护者听懂，照护者对幼儿所说的话，幼儿也几乎都能听懂。幼儿喜欢问“这是什么？”“在哪里？”“是谁？”等问题；会念简单的儿歌；会说完整的短句和简单的复合句。同时，这一时期的幼儿能区分书中的图画和文字，愿意独自看简单的图画书。

3.认知

这一时期的幼儿对周围事物或现象感兴趣，爱提问题；能区分差异比较明显的大、小，多、少，长、短，上、下；能基于形状、大小、颜色等对物体做简单的分类；能感知物体的软、硬、冷、热等属性；能跟着唱数；能感知并能重复一些简单的韵律和歌曲；游戏时，能用物体或自己的身体部位代表其他物体等。

4.情感与社会性

这一时期的幼儿萌发了初步的同情心，有简单的是非观念，喜欢参与同伴的活动，能和同伴一起玩简单的角色游戏，会相互模仿，有模仿的角色扮演意识。同时，幼儿开始能表达自己的情感；受到挫折时会发脾气，也开始意识到他人的情感。

二、25-30个月幼儿的教育策略

(一)动作训练

25个月至30个月的幼儿能用勺子自己吃饭,手的动作灵活多了,基本动作发展比较好,形成了相应的动作技能,可以更自主地从事各种活动。这时,照护者可以教幼儿使用筷子。使用筷子能锻炼手的精细动作,也能培养幼儿的自理能力;还能让他学会分清左右,建立方位感。幼儿还能用积木搭桥、火车等简单的造型,会转动门把手开门和旋开瓶盖取物,会一页一页地五指抓翻书页,会自己洗手擦脸,能玩泥塑、拼插造型;能在照护者的引导下画直线、横线,画圆圈,画简单的点画、印画,还能折纸等。

他们能随着音乐做模仿操,并能根据情境做简单的音乐游戏等。该月龄幼儿的楼梯攀爬练习可以选取4层及以下的阶梯,这样的选择难度相对较低,能够促使婴幼儿获得愉悦性,保持其对楼梯攀爬训练的热情。照护者也可以引导他们进行双足跳练习。双足跳练习的要旨在于循序渐进,照护者可以采取以下策略:由照护者辅助幼儿进行双足跳,一段时间后,可以逐步放手,鼓励幼儿在不借助外力的情况下双脚可以同时起跳并平稳落地。需要特别注意的是,此时的幼儿足弓尚未完全形成,跳跃的次数不应过多,以避免扁平足的出现。

(二)语言支持

随着幼儿语言的发展,他们可以给许多物品命名。在幼儿正确地掌握了物体的名称后,照护者可教幼儿说出这些物品的用途,如教幼儿杯子是干什么用的、梳子是干什么用的等。照护者应教幼儿用正确的名称、规范的语言说出物品的用途,不要将用途和名称混淆。

这一时期的幼儿语言进步比较快,要多给他一些语言表达的机会。有些事情要让幼儿主动来表达,特别是已经发生的事,甚至是1-2天前发生的事。这不仅可以培养幼儿的表达能力,也加强了其记忆。

(三)认知发展

1.观察能力的培养

(1)特征感知。①形状对比。照护者可以在游戏中引导幼儿认识和分辨不同的形状,能将形状相同的纸片归为一类,有条件的可以选择蒙台梭利教具进行练习。②远近对比。照护者可以经常在盥洗室或者活动区,选取一远一近两个设施,帮助幼儿感知设施与自己的距离,分辨远近概念。③整体—局部的观察练习。整体到局部的观察可以从面到点,由外及里。照护者可以选取玩教具,如玩具熊,可以先引导幼儿观察其颜色与材质等整体特征,再引导婴幼儿对玩具熊的某一个部位如耳朵、眼睛的具体特点进行观察。

(2)注意力的培养。此月龄阶段的婴幼儿注意力的培养应注重注意的持久性、集中性与稳定性。

2.记忆力的培养

(1)复述练习。照护者引导幼儿对自己感兴趣的语句,如儿歌、韵律诗、绘本对话等进行复述,句子由短到长,难度依次递增,既能够锻炼幼儿的语言能力,又可以促进幼儿的记忆能力进一步提升。

(2)数字记忆。幼儿此时处于机械记忆阶段,并不真正了解数字的概念。照护者可以通过强化练习,引导幼儿记忆生日、电话号码、车牌号、门牌号等,促进幼儿记忆能力的深入发展。

3.思维能力的培养

(1)因果关系练习。照护者可以引导幼儿观察:风可以使树叶晃动、流水可以冲刷灰尘、电可以使灯泡亮起等生活中常见的现象,帮助幼儿分辨上述事例的因与果,从完整过程中理解因果关系。

(2)概括与归类训练。可以从颜色、材质、形状、用途、大小等方面入手,引导幼儿对生活中的常见物品或玩具进行归类。

4.想象力和创造力的培养

(1)游戏。照护者可以开展角色游戏与表演游戏,帮助幼儿在形象塑造过程中模仿生活与文学作品中的角色,使角色与故事更加生动形象,在这一过程中幼儿的自主性与想象力得到了发展。

(2)手工。幼儿可以在照护者的引导下,开展剪纸、绘画、泥塑等手工创作活动。手工创作可以给予幼儿发挥想象力与创造力的机会。

(3)音乐。音乐欣赏可以提高幼儿对于音乐旋律与歌词的感受力,欣赏音乐的过程中幼儿可以充分发挥想象力,在头脑中呈现乐曲所要表达的意境。

(四)情感和社会性培养

这一阶段的幼儿可以自如地同小朋友交谈,非常希望与小朋友一起玩,照护者应教幼儿学会自我介绍,以便其更好地结交朋友。还要让幼儿懂得保护自己和家庭,不告诉陌生人家庭地址和电话号码。

照护者应每天让幼儿带上玩具走出家门去户外活动。与小朋友一起玩时,照护者要告诉幼儿基本的安全注意事项,避免发生危险。还应教育幼儿在游戏时要学会分享和轮流,逐渐培养幼儿的合作精神。

学习评价

任务名称	评价内容	评价等级				
		优秀	良好	中等	合格	不合格
25–30个月幼儿的发育指标与教育策略	熟悉25–30个月岁幼儿的发育指标					
	掌握25–30个月幼儿的教育策略					
	能根据25–30个月幼儿的发育指标评析婴幼儿的发展情况					
	能将25–30个月幼儿的教育策略运用到教育实践中					
	树立科学的幼儿教育认知与理念					

备注：请同学们根据自己对任务内容的掌握情况，在对应的等级打“√”。

任务八

31–36个月幼儿发育指标与教育策略

任务描述

通过开展主题活动“饼干”，锻炼幼儿手腕和手指动作的灵活性；发展幼儿的认知和大胆表达自己感受的能力，从而增强幼儿的表现力和主动性。

任务准备

1. 不同形状（正方形、三角形、圆形）和不同味道（甜、咸）的饼干若干，盘子一个。

2. 橡皮泥、滚轴、碟子、红豆、托盘等人手一份。

3. 音乐《饼干歌》。

操作流程

一、教师引导幼儿初步了解饼干的不同形状和味道

1. 教师出示饼干，吸引幼儿的注意

教师：“宝宝看，老师给你们带来了什么？”“这些饼干有各种形状，这是什么形状呢？”依次出示不同形状的饼干，引导幼儿说出形状的名称。

2. 教师引导幼儿闻饼干的味道

教师：“这些饼干味道怎么样呢？请幼儿来闻一闻。”教师将饼干端到每个幼儿的面前，请幼儿闻一闻。“你们闻到了饼干的味道吗？”引导幼儿说出“香香的”。

3. 教师引导幼儿品尝饼干

教师：“饼干闻起来香香的，吃起来是什么味道呢？宝宝们来尝一尝吧！吃完后可以和旁边的幼儿说一说，你吃的饼干是什么味道。”教师给每个幼儿分发一块饼干。

4. 教师引导幼儿交流表达

教师依次请每个幼儿说说发现的饼干的味道，分享交流。“宝宝，饼干好吃吗？你吃的饼干是什么味道的呢？”

二、教师引导幼儿制作饼干

1. 教师取出玩具托盘，出示橡皮泥

教师：“宝宝看，老师带来了什么？这是什么颜色的橡皮泥？今天我们用橡

皮泥来做饼干吧！”

2.教师示范讲解制作饼干

（1）教师取一小块橡皮泥，边示范边讲解：“先取一小块橡皮泥，放在两个手掌中间，揉一揉，搓一搓。看，变成一个圆圆的小球。再把搓圆的橡皮泥放在托盘里面，用手掌用力压平。看，变大了、变扁了。”

（2）教师出示滚轴，边讲解边示范：“宝宝看，这是滚轴。我们用滚轴在橡皮泥上滚一滚、压一压。宝宝看，饼干就要做好了。”

（3）教师出示红豆：“教师这里有一些红豆，我们把红豆放在饼干上面，做红豆饼干吧！”教师示范讲解：“我们用拇指和食指把红豆捏起来放在饼干上，再用拇指把红豆压进去，这样红豆就不会掉下来了。”教师重复示范多次，“看，红豆饼干做好了。”教师将做好的饼干装在小碟中展示。“闻一闻，哇，好香啊！”

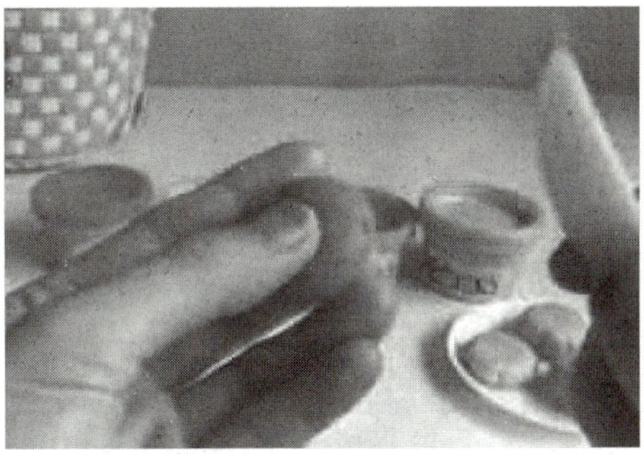

图4-12 教师示范制作饼干

3.幼儿制作饼干

教师：“宝宝们知道了制作饼干的方法，也来动手试一试吧！”

完成后，教师引导幼儿围坐成圆形，交流自己的作品：“你做的饼干是什么颜色、什么形状的？”“大家觉得XX宝宝做的饼干好看吗？”

三、教师引导幼儿学唱饼干歌

1.教师导入活动

教师：“宝宝，之前我们一起品尝了饼干，还一起制作了饼干，你们玩得开心吗？今天老师把这些好玩的事情编成了一首好听的歌。我们先来听一遍这首歌吧！”教师边演唱歌曲边做动作。

2.教师带着幼儿，边听音乐边做动作，2-3遍后结束

任务分析

在本次主题活动中，教师以幼儿很喜欢的饼干为主线，设计了幼儿感兴趣的一系列活动，如认识饼干、品尝饼干、制作饼干、学习有关饼干的歌曲，整个主题活动连贯流畅，幼儿参与的热情很高，玩得很开心，尤其是在品尝饼干的环

节，幼儿显得很兴奋。品尝完饼干后，幼儿大方地告诉大家饼干的味道，也乐意跟其他幼儿交换、分享饼干。

学习支持

一、31-36个月幼儿的发育指标

31个月至36个月的幼儿，有了思维能力和解决问题的能力；已经完全掌握了母语口语的表达；注意力逐渐转移到了周围的小朋友身上，并能主动与他们建立友谊，分享玩具。

（一）生理方面

31个月至36个月男女幼儿在身高、体重、头围和胸围方面存在一定的差异，如表4-9所示。

表4-9　31-36个月男女幼儿在身高、体重、头围和胸围方面发育状况

指标	男孩	女孩
平均身高	约97.26厘米	约96.28厘米
平均体重	约14.22千克	约14.73千克
平均头围	约49.63厘米	约48.65厘米
平均胸围	约50.80厘米	约49.91厘米

随着月龄的不断增长，幼儿的视力也在飞速地发展，视力标准约为0.6；夜里逐渐能控制小便。

（二）心理方面

1.动作

31-36个月的幼儿维持平衡的能力增强，基本动作发展较为显著，逐渐能完成跑、跳、踢、抛接球、自由上下楼梯等多种动作，能单足站立、单足跳跃，能荡秋千。幼儿间存在差别，有的能跑得很快而且很少摔跤。幼儿的手眼协调能力不断增强，专注时间逐渐延长。小手对物体的操作也日趋精细和准确，会穿木珠、折纸、拼图形、撕纸、解扣子、穿鞋等。

2.语言

31-36个月幼儿的语言能力进一步加强。能回答简单问题，会说“这(那)是什么?”等问句；能说出物体及其图片的名称。随着词汇量增多，能说出有5个字以上的复杂句子；知道一些礼貌用语，并知道何时使用这些礼貌用语。同时，能理解简单故事的主要情节，会“念”熟悉的图画书给自己或家人听。

3.认知

31-36个月的幼儿能区别红、黄、蓝、绿等常见的颜色；尝试画有一定意思的

涂鸦画;能记忆和唱简单的歌;幼儿能手口一致点数少量的物体;能玩角色游戏,区别里面的每一个角色;能够对鞋进行配对;喜欢摆弄简单的美术工具和材料;能画出圆形和正方形;乐意参加涂画、撕画、搓捏等活动。

4.情感和社会性

31-36个月幼儿的情绪起伏大,但能较好地调节情绪,发脾气时间减少;有时会隐瞒自己的感情;会用“快乐”“生气”等词来谈论自己和他人的情感;对成功表现出积极的情感,对失败表现出消极的情感;会表现出“骄傲”“嫉妒”等复杂的自我意识。知道性别的差异,倾向于玩属于自己性别的玩具和参加属于自己性别群体的活动;能和同龄小朋友分享玩具,会整理玩具;知道等待、轮流,有时会不耐心;能自己上床睡觉。

二、31-36个月幼儿的教育策略

(一)动作训练

1.自如地走、跑、跳。与幼儿玩“你追我赶”游戏,可与幼儿互相追逐、躲闪、边跑边说“追不上我啊,我要加速了”等来锻炼幼儿自如地走、跑、跳以及长距离走路。

2.跳高跳远练习。跳远练习可带领幼儿去沙池组织团体跳远比赛。跳高练习可用床垫根据幼儿的实际情况逐渐垒高,给予幼儿不同程度的锻炼。教师要随时注意观察孩子的安全,给予必要的防护。

3.发展动作协调能力。通过给幼儿提供“走平衡木”的活动,先是领着幼儿的一只手,让他在平衡木上走,锻炼幼儿勇敢的品质,随着幼儿胆量的提高,渐渐放手让幼儿独立过独木桥。

4.骑“三轮童车”。先是让幼儿自己骑三轮童车,必要时给予一定的帮助,如给幼儿一定的推力帮助其用力或一起骑两座的三轮车锻炼幼儿的胆量。到达一定的熟练程度后让幼儿独自骑“三轮车”,培养幼儿动作的协调性、敏捷性和良好的反应能力。

(二)语言支持

这一时期的幼儿学会了联想,如看到鸟飞联想到飞机,看到鱼游联想到船。照护者在给幼儿讲故事时,可以设计一些更丰富的问题向孩子提问,不但可以促进幼儿对故事主题的理解,还能提高幼儿的联想能力。平日里,照护者可让幼儿接听一些电话,尝试非面对面的交流。

与此同时,幼儿说的词、句丰富了,也能较清楚地表达自己的需要。这时,照护者要教幼儿说一些较复杂的句子,如“今天我妈妈上班了”“爸爸天黑才回来”等;照护者要与幼儿更多地交谈,给他更多表达的机会,使他的语言发展更迅速。

（三）认知发展

1.观察能力的培养

（1）在日常生活中培养幼儿的观察能力。

比较事物。如比较高矮、胖瘦等。照顾者要引导幼儿善于观察日常生活中常见的事物，如让幼儿围上一条薄的围巾，照护者围上一条厚的围巾，请幼儿摸一摸，感受一下，哪条厚哪条薄。然后告诉幼儿“我的围巾比你的围巾厚”“你的围巾比我的围巾薄”。这种游戏也可以用于比较被子、衣服等其他物品。

（2）发展幼儿注意力。此阶段幼儿的注意力选择性较差，无意注意占主导，注意的广度小，注意的指向性不稳定，注意的种类逐渐增多。因此，照护者要针对此阶段幼儿注意的特点进行针对性的教育，发展幼儿的注意力，为以后的学习和生活打下基础。

2.记忆力的培养

（1）利用游戏培养记忆力。比如照护者把3–4种物品放在一起，请幼儿记住它们现在摆放的位置，然后请幼儿看向其他地方的同时移动其中一个物品的位置，让幼儿观察哪个物品的位置发生了变换，等幼儿完全熟悉了这个游戏后，照护者可适当增加物品数量或需移动物品位置的个数。

（2）在日常生活中培养幼儿记忆。比如在日常生活中请幼儿帮助我们拿某个东西或回忆某个物品、按照购物清单去超市挑选物品等。

3.思维能力的培养

（1）保护幼儿的好奇心。此阶段的幼儿处于直观形象思维，会经常向照护者提问各种各样的问题。照护者要耐心地对待幼儿的提问，对幼儿的提问行为给予鼓励。同时，当幼儿有疑问时，也可以不直接给出答案，而是通过提问的方式引导幼儿思考或探索。

（2）创设良好环境，让幼儿探索和操作。环境中的感知觉刺激，以及幼儿与环境的相互作用可以发展幼儿的思维。照护者要为幼儿创设良好的环境，提供丰富的材料，让幼儿在亲身体验、实际操作中去探索。

4.想象力和创造力的培养

（1）通过角色游戏培养幼儿的想象力。角色游戏符合幼儿此阶段的年龄特点，可引导幼儿在进行角色扮演时，根据现实生活中角色的特点，丰富他们的游戏情节。

（2）增加户外活动机会，积累经验。幼儿想象力的发展离不开幼儿日常生活中经验的积累。照护者可以让幼儿更多地去户外环境中体验，多接触大自然。如带领幼儿去公园感受风光，带幼儿去超市认识各种水果以及蔬菜等。

（四）情感和社会性培养

31-36个月幼儿的情绪起伏大，会经常反抗照护者的话或与小朋友吵架，爱缠着照护者撒娇，自我意识强，对黑暗的恐怖心理加重等。这些都是幼儿接触社会时的不确定感造成的。幼儿已经能接受简单的道理了，当给他讲道理时，他开始可能会似懂非懂，但时间久了就会明白，并会将其作为行为准则。

这一时期的幼儿已经能将各种用途不同的物品分类，比如吃的、穿的、用的、玩的等。有的幼儿已经能够自己洗脸、洗脚了；有的已经能双手合作系扣子。有的幼儿吃饭时，能够帮着擦桌子甚至收拾碗筷。需要强调的是，照护者要教会孩子如何如厕等，加强幼儿自理能力的训练，为幼儿入园做好准备。

学习评价

任务名称	评价内容	评价等级				
		优秀	良好	中等	合格	不合格
31-36个月幼儿的发育指标与教育策略	熟悉31-36个月岁幼儿的发育指标					
	掌握31-36个月幼儿的教育策略					
	能根据31-36个月幼儿的发育指标评析婴幼儿的发展情况					
	能将31-36个月幼儿的教育策略运用到教育实践中					
	树立科学的儿童观和保教观，具有保教结合的意识					

备注：请同学们根据自己对任务内容的掌握情况，在对应的等级打“√”。

推荐阅读

[1]郑琼.0-3岁婴幼儿亲子活动指导与设计[M].福州：福建人民出版社，2013.

[2]王萍.0-3岁婴幼儿的教养[M].重庆：西南大学出版社，2021.

[3]潘建明等.幼儿照护职业技能教材（中级）[M].长沙：湖南科学技术出版社，2020.9

[4]徐小妮.0-3岁婴幼儿教养教程[M].上海：复旦大学出版社，2011.

[5]秦旭芳.0-3岁亲子教育活动指导与设计[M].北京：中国人民大学出版社，2017.

[6]邵小佩，邹霞.0-3岁婴幼儿保育与教育[M].北京：人民邮电出版社，2017.

[7]康松玲，许晨宇.0-3岁婴幼儿抚育与教育[M].北京：北京师范大学出版社，2016.

[8]丁玉.0–3岁亲子活动设计与指导[M].上海:复旦大学出版社,2018.

项目小结

本项目主要阐述了0–3岁婴幼儿在不同月龄段生理与心理的发育特点:在生理方面介绍了0–3岁婴幼儿在身高、体重、头围和胸围方面的发育规律,在心理方面探讨了0–3岁婴幼儿动作、语言、认知、情感和社会性方面的发展特征。在掌握0–3岁婴幼儿不同月龄段的身心发展规律与顺序的基础上,重点讨论了0–3岁婴幼儿不同阶段的教育策略。

思考练习

1.简答0–6个月婴儿的生理发育指标。

2.简答13–18个月幼儿的动作特点及锻炼方法。

3.简答19–24个月婴幼儿的语言特点及教育方法。

4.简答25–30个月婴幼儿的认知特点及训练方法。

5.简答31–36个月婴幼儿的情感社会性特点以及培养的内容。

实践实训

请为31–36个月的婴儿设计一个促进其精细动作发展的游戏。

项目五

婴幼儿托育机构与家庭、社区和幼儿园

项目目标

1. 了解婴幼儿托育机构与家庭、社区合作的意义。
2. 了解婴幼儿托育机构与幼儿园的区别。
3. 掌握婴幼儿托育机构与家庭、社区合作的内容和方法。
4. 掌握婴幼儿托育机构与机构幼儿园之间衔接的对策。
5. 树立正确的育儿观。
6. 重视托育机构与家庭、社区及幼儿园教育的合作。

学习重难点

学习重点：

1. 了解婴幼儿托育机构与家庭、社区合作的意义。
2. 掌握婴幼儿托育机构与家庭、社区、幼儿园合作的内容和方法。

学习难点：

能够开展与家庭、社区之间的合作教育活动，同时能够制定托幼衔接计划、开展与幼儿园之间的衔接活动。

思维导图

- 婴幼儿托育机构与家庭、社区和幼儿园
  - 婴幼儿托育机构与家庭
    - 托育机构指导家庭教育的必要性
    - 托育机构指导家庭教育的意义
    - 托育机构指导家庭教育的内容
    - 托育机构指导家庭教育的途径
  - 婴幼儿托育机构与社区
    - 托育机构与社区合作的教育意义
    - 托育机构与社区合作的内容和方法
  - 婴幼儿托育机构与幼儿园
    - 托育机构教育与幼儿园教育的区别与联系
    - 托育机构与幼儿园衔接存在的问题与对策

任务一
婴幼儿托育机构与家庭

任务描述

通过案例分析，了解家园共育是托育机构工作的重要组成部分，托育机构应当与婴幼儿的父母或者其他监护人密切配合，积极为其提供家庭教育指导和实践活动，共同促进婴幼儿的健康成长。

任务准备

准备相关材料：家园合作的相关案例。

操作流程

工作表单1

案例分析

爱哭的果果

果果今年2岁半了，每天离开妈妈去上托育机构的时候都要哭。妈妈想：如果总是这样，果果就不能像其他孩子一样适应未来的幼儿园生活了。于是，妈妈假装生气地对果果说："你再哭的话，妈妈就不喜欢你了。"听了妈妈的话，果果吓得不敢哭了，于是，妈妈放心地离开了。可是，妈妈后来发现，果果总是在梦里大哭。

因为这个问题，妈妈去咨询了果果所在班的班主任陈老师。陈老师告诉她，当幼儿离开熟悉的人或环境时，会产生强烈的焦虑、不安或不愉快的情绪反应，这种表现就是"分离焦虑"。刚入学的幼儿发生哭闹，通常是分离焦虑所致，所以，果果上托育机构，哭是一件特别正常的事，即使是安全感十足的孩子，也免不了会哭。家长不要过分焦虑，因为焦虑和担心在无意中会传递给幼儿，让他们更加不安心，更加难以适应。我们需要做的是理解孩子的这种正常心理，然后多寻找孩子哭闹的原因，并有针对性地采取措施，来改善孩子哭闹的情况。

个人思考，总结托育机构指导家庭教育的内容。

序号	托育机构指导家庭教育的内容

工作表单2

小组讨论

根据工作表单1,小组内分享自己的观点。

序号	托育机构指导家庭教育的途径

任务分析

对于托育机构来说,既需要给予婴幼儿回应性、家园一致性的养育照护,又需要联合家长共同实施早期发展的支持与促进。作为照护者,要充分了解家园共育的重要性、内容以及途径,为做好家园共育工作打下良好的基础。

学习支持

一、托育机构指导家庭教育的必要性

2010年2月,全国妇联、教育部等部门颁布了《全国家庭教育指导大纲》。由各级各类家庭教育指导机构、有关职能部门、社会团体和家庭教育指导者提供,针对新婚夫妇、孕妇、18岁以下儿童的父母开展的家庭教育指导服务行为都被称为家庭教育指导。该大纲在指导家庭教育理论研究,规范家庭教育内容,提高家庭教育指导服务科学性、针对性和实效性等方面发挥了重要作用。

2019年5月,为深入贯彻落实习近平总书记的重要指示精神,强化品德教育在家庭教育中的核心地位,适应新时代家庭教育发展的新需求,全国妇联、教育部等九部门共同对《全国家庭教育指导大纲》进行了修订,科学规范家庭教育指导服务行为,提升家庭教育指导服务水平,促进家庭教育事业全面发展。

2021年10月通过的《中华人民共和国家庭教育促进法》第四章第四十四条明确规定:“婴幼儿照护服务机构、早期教育服务机构应当为未成年人的父母或者其他监护人提供科学养育指导等家庭教育指导服务。”

因此,婴幼儿托育机构指导家庭教育是时代进步和社会发展所需。婴幼儿托育机构应本着尊重、平等、合作的原则和服务家长、为婴幼儿构建良好外部教育环境支持的宗旨,争取家长的理解、支持和主动参与,加强与婴幼儿的家庭合

作，积极支持、帮助和引导家长提高教育幼儿的能力，为婴幼儿家庭开展家庭教育指导。

二、托育机构指导家庭教育的意义

（一）有利于婴幼儿的身心健康发展

《中华人民共和国家庭教育促进法》第一章第五条要求：家庭教育、学校教育、社会教育紧密结合、协调一致。托育机构为家庭教育提供指导服务，可以帮助家长树立科学的育儿理念、掌握常用的婴幼儿活动开展技巧，增进双方的交流合作，为婴幼儿的照护提供稳定、协调的外部环境，有利于托育机构保育保教工作的顺利开展。家庭和托育机构是婴幼儿生活和学习的主要场所，双方的合作共育有助于丰富婴幼儿的经验。托育机构中的教师具备专业的育儿知识和技能，能够根据不同月龄阶段的婴幼儿身心发展的特点和规律，结合科学的育儿方法对婴幼儿进行有计划地保育。家长作为孩子的第一任老师，对婴幼儿的影响是持续性的，他们与婴幼儿的相处时间最长，他们更能够为婴幼儿提供细致、适宜的关爱。研究表明，婴幼儿家庭与托育机构合作可以让双方对婴幼儿的教育更具一致性、连续性和互补性。一方面，婴幼儿在托育机构中获得的教育经历能够在家庭中得到延续、巩固和发展；另一方面，婴幼儿在家庭中获得的教育经历在托育机构中得到运用、扩展和提升。因此，家庭和托育机构在教育方向上的一致性、协调性有利于促进婴幼儿的身心健康发展。

（二）有助于提升家庭中照护者的教育素质

《中华人民共和国家庭教育促进法》第二章第十八条要求：未成年人的父母或者其他监护人应当树立正确的家庭教育理念，自觉学习家庭教育知识，在孕期和未成年人进入婴幼儿照护服务机构、幼儿园、中小学校等重要时段进行有针对性的学习，掌握科学的家庭教育方法，提高家庭教育的能力。随着社会的发展，家长对婴幼儿家庭教育的重视程度普遍提高，很多家长愿意主动学习对婴幼儿家庭教育有益的科学文化知识和专业教育技能知识。我国《托育机构管理规范（试行）》指出：托育机构应当建立与家长联系的制度，定期召开家长会议，接待来访和咨询，帮助家长了解保育照护的内容和方法。托育机构在合作共育过程中应主动发挥专业引领作用，开展适宜的宣传教育活动，通过不同方式有计划、有针对性地开展不同类型、不同形式的指导，帮助家长更好地认识到自己作为“第一任教师”的重要角色，增强教育信心。同时家长在与教师沟通的过程中可以有效地学习科学的育儿方法，了解婴幼儿的身心发展规律，树立正确的育儿观念，提高自身教育素质。

(三)有利于婴幼儿教育质量的提高

托育机构与家庭是开展婴幼儿教育的两个重要场所,婴幼儿教育目标的有效实现离不开二者方向的一致。托育机构对家长进行婴幼儿家庭教育指导,能增强家长配合托育机构教育的自觉性,实现双方同步形态,形成教育合力,充分发挥婴幼儿教育的整体功能,提高婴幼儿教育的质量。

(四)有利于实现教育资源共享

家长丰富的资源和职业优势是托育机构丰富婴幼儿经验的一扇窗户。由于婴幼儿家长的职业、专业、兴趣、能力及经历等各不相同,托育机构组织开展活动的时候,可以鼓励家长积极分享和利用自己的资源,不同职业或者不同文化背景的家长可以带给托育机构丰富的活动内容,能为婴幼儿教育活动的开展提供多种支持和服务。托育机构应通过多种互动方式拉近与家长的距离,促进家长与托育机构的情感沟通,增强家长与托育机构配合的积极性和主动性,促使托育机构与家长的教育资源整合更加和谐、高效。

三、托育机构指导家庭教育的内容

国务院办公厅《关于促进3岁以下婴幼儿照护服务发展的指导意见》明确指出,托育机构的一项重要任务是加强对家庭婴幼儿照护的支持和指导,进而促进婴幼儿的全面发展。托育机构通过不同的形式为家长提供不同内容的婴幼儿教育指导,实施按照月龄、分阶段的活动游戏的指导方案,让婴幼儿教育与家长指导并举。托育机构对婴幼儿家庭教育进行指导的目的是提升家长科学教育婴幼儿的能力,转变家长错误的教育理念,让家长掌握必备的教育知识,学会正确的教育技能,科学有效地促进婴幼儿的全面发展。

(一)树立科学的育儿理念

父母是婴幼儿的第一任老师,家庭是教育发生的第一个重要场所。因此,家庭教育在促进婴幼儿身心健康发展上的重要作用是学校教育和社会教育所不能替代的。托育机构应通过家庭教育指导,将科学的育儿观念传授给家长,端正教养态度,规范家教行为,使家庭教育与机构教育在培养目标和培养内容上保持协调性、一致性。

(二)了解多元的育儿知识

了解0–3岁婴幼儿生理发展的知识。托育机构应指导家长顺应0–3岁婴幼儿的生理发育特点。任何一种新行为的产生都有赖于骨骼肌肉、神经系统和感觉器官的成熟。婴幼儿是带着先天的“生理成熟时间表”降生的,出生后对各种能力的掌握都是预设程序的展现。如果婴幼儿略过某个阶段直接进入下一阶段,这种超前的训练适得其反,反而不利于婴幼儿的长远发展。托育机构要指导家长关注婴幼儿的“生理成熟时间表”，掌握其不同月龄身体发育的特点。

了解0–3岁婴幼儿心理发展的知识。在出生后的前3年，婴幼儿伴随着身体的快速发展，心理也不断发展。婴幼儿的心理发展遵循先快后慢的规律，月龄越小，月龄之间表现出的心理发展差异越大，托育机构要指导家长跟上婴幼儿的发展步伐，及时调整教养方案。

了解0–3岁婴幼儿日常教养的知识。0–3岁婴幼儿的日常教养知识覆盖面广，托育机构应指导家长了解婴幼儿在不同月龄段的饮食需要、科学喂养方法、睡眠特点、常见疾病的预防和护理、日常行为习惯的形成过程和指导策略、婴幼儿常见特殊行为指导、婴幼儿早期学习等方面的发展与指导。

（三）掌握可操作的育儿技能

掌握基本育儿技能。根据不同月龄婴幼儿的睡眠和饮食特点，将所掌握的知识有效地转化为行动，为婴幼儿创设更好的教养环境；帮助婴幼儿学习社会交往，积极有效地促进婴幼儿养成良好的行为习惯；根据婴幼儿各方面发展的特点，有效地应对婴幼儿的个别特殊行为等。托育机构指导家长在实施教养时，能为婴幼儿提供丰富多彩的游戏活动和生活活动，促进0–3岁婴幼儿的全面发展。

掌握婴幼儿发展水平的观察要点。托育机构应指导家长掌握婴幼儿处于不同发展水平时的教养内容，并自如地将其运用至日常生活中，促进每一个婴幼儿健康快乐地成长。托育机构指导家长在观察婴幼儿的行为时，一方面应注意分辨婴幼儿的行为是否正常，对异常行为应及时就诊、及早矫正；另一方面应注意分辨婴幼儿的行为是否为偶发性行为，对发展中的偶发性行为应及时提供刺激，促使该行为向稳定方向发展。

运用多元智能理论评价婴幼儿的发展。受遗传、营养、教育等因素的影响，婴幼儿的发展具有个体差异性，托育机构应指导家长充分尊重婴幼儿的个体差异，根据婴幼儿的特点因材施教，为其长远发展提供更多、更好的机会。

四、托育机构指导家庭教育的途径

《托育机构管理规范（试行）》指出托育机构指导婴幼儿家庭教育的途径包括定期召开家长会，接待来访和咨询等，帮助家长了解保育照护内容和方法。可见托育机构与家长合作共育的方式多种多样：可以根据需要和具体情况，灵活选用集体方式和个别方式。

（一）集体方式

1. 家长会

根据托育机构工作的需要，可以定期开展家长会。托育机构创设一定的情景和机会，鼓励家长对一些有争论的育儿观念、育儿态度、育儿方式发表自己的看法，引导家长在讨论和交流过程中思考，在比较和衡量的基础上做出选择并验证自己的选择。

2. 家庭教育讲座

家庭教育讲座是指婴幼儿托育机构邀请婴幼儿保健专家、心理专家、教育专家开设讲座，将重点放在婴幼儿的全面发展和家长整体素质的提高上。通过专业人员的科普，让家长树立科学的育儿观念、掌握可操作的育儿技巧。

3. 家长园地

托育机构所设置的家长园地，是托育机构和家庭之间联系的纽带，是传递信息和知识的桥梁。应及时将保教内容向家长介绍，帮助家长明确本阶段的教养重点，增强家庭教育目标的目的性，使家长对托育机构的活动内容心中有数。还可以定期张贴家长们关心的话题，方便家长们共同讨论交流。展览区可以展示婴幼儿的活动照片和记录，也可以将婴幼儿的一些作品陈列出来吸引家长，进而调动家长参与亲子活动的积极性。

（二）个别方式

1. 家庭教育咨询

家庭教育咨询是托育机构通过开放咨询电话、邮箱、信箱、微信或者家长咨询日面谈等多样化途径，安排有经验的老教师或专业工作人员及志愿者，针对家长在育儿过程中遇到的疑难问题，运用专业知识和经验对其进行分析和解答的有效形式。

2. 家庭访问

家庭访问是托育机构教师走出机构进行婴幼儿家庭指导的独特方式。教师通过家庭访问，能更加深入地了解婴幼儿在家庭中的情况，和家长共商教育对策。这种指导形式虽然花费的时间较多，但效果更好，能为家长提供实用、有效的帮助。

3. 网络互动

托育机构可以利用网络搭建家园互动平台。教师通过QQ、微信等交流工具与婴幼儿的家长保持方便和快捷的联系。这一方面有助于解决许多年轻家长由于工作繁忙，没有机会与教师面对面交流的问题；另一方面，一对一的交流，能使教师对家长教育行为的指导具有更强的针对性。

学习评价

任务名称	评价内容	评价等级				
		优秀	良好	中等	合格	不合格
婴幼儿托育机构与家庭	认识搭配托育机构指导家庭教育是时代所需					
	理解托育机构指导家庭教育的意义					
	了解托育机构指导家庭教育的内容					
	掌握托育机构指导家庭教育的集体方式					
	掌握托育机构指导家庭教育的个别方式					
	树立正确的儿童观，认可并热爱婴幼儿托育工作					

备注：请同学们根据自己对任务内容的掌握情况，在对应的等级打“√”。

任务二
婴幼儿托育机构与社区

任务描述

社区具有丰富的教育资源，照护者应充分认识到托育机构与社区合作的重要性，掌握合作的方法和途径，充分利用社区教育资源，拓宽婴幼儿的教育渠道，为婴幼儿的身心发展提供强有力的外部支持。

任务准备

托育机构与社区合作的相关案例。

操作流程

工作表单1

案例分析

寻找春天

某托育机构照护者设计了一个针对2岁半幼儿的寻找春天的活动。这名照护者改变以往的图片展示方法，而是提前与托育机构所在社区的工作人员联系，取得他们的支持和帮助，然后带领婴幼儿来到小区里面，引导他们观察树木、花草。婴幼儿非常兴奋，观察得很认真并乐于表达自己。下午家长们来接婴幼儿的时候，很多小朋友纷纷把今天观察到的春天里的植物和家长分享。

总结托育机构与社区合作的重要性。

工作表单2

小组讨论

1. 根据工作表单1，小组讨论托育机构与社区合作的内容和方法。

序号	托育机构与社区合作的内容和方法

2. 小组代表在班级内分享，教师带领总结。

任务分析

社区是婴幼儿从出生就接触的社会环境，也是对婴幼儿最早产生影响的、除家庭之外的外部环境。社区舆论承载和体现价值观、道德观等，必然会对婴幼儿产生潜移默化的影响，使婴幼儿在不自觉中接受和内化这些观念。因此，婴幼儿托育机构必须重视社区资源的重要性，充分利用各种社区资源进行教育。

学习支持

一、托育机构与社区合作的教育意义

（一）社区为托育机构提供条件支撑

美国学者布朗芬布伦纳认为，孩子的发展受到与其直接或间接联系的生态环境的制约，这种生态环境包括微观系统、中间系统、外层系统和宏观系统。其中，微观系统和中间系统是指孩子生活的场所、周边环境及其相互关系，如家庭、托育机构、邻居和社区。托育机构、家庭、社区的教育能够优势互补，有利于教育资源充分发挥作用，协调相关的社会群体力量，统整各方资源，形成教育合力，开阔婴幼儿视野并促进其身心健康、全面发展。

婴幼儿所处的社区是其十分熟悉的地方。社区的自然环境和人文环境在婴幼儿的成长中，特别是精神的成长中有着特殊的意义。社区作为一个生产功能、生活功能、文化功能兼备的社会小区，能为托育机构提供所需要的人力、物力、财力、教育场所等多方面的支持。社区文化无形地影响着婴幼儿的教育，优秀的社区文化是托育机构的宝贵资源。

（二）发挥托育机构的教育优势，为社区发展出力

随着社会的不断发展，家长对托育机构的需求越来越高。当前托育机构基础设施和教育活动材料相对比较齐全，有专业的师资力量，能够开展有效的教育活动，在社区教育发展中起着不可替代的作用。托育机构可以自身的优势服务于社区，支持社区的各项教育活动开展。而且，社区文化的发展也需要托育机构的支持。作为社区环境的一个组成部分，婴幼儿良好生活环境的创设、婴幼儿良好行为习惯的养成，可以成为社区的典范。托育机构可以定期组织教师、婴幼儿及其家长参加社区的各种宣传活动，并为社区家长开办家庭教育讲座，增长社区家长养育知识。托育机构走进社区、融入社区、支持社区和为社区服务，都是在为社区建设、构建和谐社会贡献力量。

总的来说，托育机构加强与社区的联系与合作，无论是对托育机构养育质量，还是对社区的构建，都具有重要的作用。

二、托育机构与社区合作的内容和方法

(一)积极宣传科学的育儿知识，帮助社区居民掌握正确的育儿技巧

社区是以家庭为单位，以地缘关系为纽带而聚集生活在一起，其文化素养与知识水平存在较大的差异，相当一部分家长对教育的理解比较狭隘，特别是表现在对婴幼儿教育的重视程度不足。除此之外，还有一部分家长已经充分认识到婴幼儿教育的重要性，但自身缺乏科学的育儿知识，因此没办法对自己的孩子实施科学的教养。因此，托育机构应充分发挥自己科学、系统的辐射功能。

首先，优化社区的社会环境，使托育机构成为社区的婴幼儿养育中心，建立起“社区养育网”，充分利用社区资源，发挥托育机构在社区中的作用。要加强社区内教育工作者、保育工作者、医疗工作者的谈话和技能指导，并开设有关咨询人员的课程。社区可以考虑以婴幼儿家庭活动小组为中心，组织同类型的家庭交流育儿经验，帮助年轻父母建立科学的育儿观念，掌握正确的育儿技能，使家庭成员都积极地参与教养工作，为孩子的成长提供舒适、安全的环境。

其次，重视与家庭的联系。托育机构应以多种方式支持家长关心婴幼儿的养育问题，创设家长参与的环境。如安排家长参观托育机构，加强各个家长之间的联系，开展父母教育，开设双亲班，家长学校等，让家长积极参与到托育机构的活动中来。

通过积极主动地向社区居民广泛宣传科学的育儿观，使社区居民既重视婴幼儿教育的重要价值，又懂得如何展开正确的婴幼儿教育，能够辨别各种婴幼儿教育方案的优劣，从而选择适合自己孩子的育儿方案，为婴幼儿的终身发展奠定基础。

(二)整合社区资源，争取社区多方力量的支持

社区内富含各类资源，托育机构要善于挖掘并加以有效利用，以弥补机构教育的不足。社区资源主要分为三类：自然物质资源、社会物质资源和人力资源。自然资源包括社区中的山川、河流、植物等；物质资源包括社区的物质设施与服务机构，具有一定的社会性，例如银行、图书馆、超市、楼房、街道等；人力资源是指具有某种专业知识、技能的个人或组织，能为婴幼儿传授或提供某一种专业技能知识。托育机构要清晰地把握这些教育资源，以便合理地利用，为今后社区婴幼儿教育活动提供必要的资源素材。

照护者可以利用自然资源组织婴幼儿近距离接触大自然，感受大自然，通过听、看、触、尝等各种感官直接感知大自然的魅力。利用社区的物质资源，社区广场、花园等硬件设施来组织各类教育活动，真正实现家、园、社区的一体化。还可以让婴幼儿在接受教育和参加活动的同时，充分发挥创造力和想象力，设

计、实施自己的活动。此外，应以多种方式鼓励婴幼儿进行各类体育活动，来增进他们的运动能力，促进其社会性的发展。利用社区的人力资源，采用“请进来”的方式，组织社区居民成立志愿者队伍，并根据志愿者的职业和特长，邀请他们参与机构活动，多方促进婴幼儿的发展。

（三）发挥托育机构的教育优势，为社区建设出力

托育机构内配备有专业的工作人员以及专门的设施，对社区来说也是重要的教育资源。工作人员可发挥自己的专业特长，为社区群众举办育儿讲座，开设婴幼儿教育、家庭教育等各种宣传栏；节假日可以帮助社区排练节目，协助社区开展文娱活动。还可以利用机构的资源，定期向社区开放，让社区居民带着儿童来活动，充分发挥其服务社区教育、建设社区、构建和谐社会的作用。总之，托育机构具有人力、物力等优质资源，在不影响正常运营的前提下，应积极主动地根据社区需要，真心诚意地向社区敞开大门，为社区建设贡献一份力量。

学习评价

任务名称	评价内容	评价等级				
		优秀	良好	中等	合格	不合格
婴幼儿托育机构与社区	了解社区的定义					
	掌握社区资源的分类					
	了解托育机构与社区合作对婴幼儿的意义					
	了解托育机构与社区合作对社区的意义					
	了解托育机构与社区合作的内容					
	掌握托育机构与社区合作的方法					

备注：请同学们根据自己对任务内容的掌握情况，在对应的等级打“√”。

任务三
婴幼儿托育机构与幼儿园

任务描述

通过案例分析，比较两个幼儿入园后的不同反应，了解托育机构与幼儿园的区别与联系以及托幼衔接的重要性，能够帮助幼儿做好托幼衔接的准备。

任务准备

托育机构与幼儿园衔接的相关案例。

操作流程

工作表单1

案例分析

多多与州州

3岁的多多和3岁的州州是刚上幼儿园的同班同学。上幼儿园的第一天，多多不哭不闹、很快就适应了幼儿园的生活，能够热情地对待老师和同学们；而州州只要妈妈离开了自己的视线就开始焦虑，一听到“妈妈”这个词语，就开始大哭，一整天下来没有和任何同学有交流。

主班教师通过与两个幼儿的家长沟通得知，多多从两岁开始，一直在自己小区的一个托育机构上课，上幼儿园之前就对幼儿园的集体生活有所了解，因此适应得比较快。州州的妈妈则表示自己是全职妈妈，州州是自己一手带大的，倾注了自己全部的精力，但可能自己缺乏专业知识，没有能为州州上幼儿园做好准备。

思考：做好托育机构与幼儿园衔接的重要性。

工作表单2

独立思考

独立思考，总结托育机构教育与幼儿园教育的区别。

托育机构教育	幼儿园教育

工作表单3

小组讨论

小组讨论，讨论托育机构与幼儿园教育衔接的对策。

序号	托育机构与幼儿园教育衔接的对策
1	
2	
3	

任务分析

通过任务表单，学生初步了解托育机构与幼儿园衔接的意义；能够区分托育机构教育与幼儿园教育，针对不同年龄的婴幼儿实施不同的教育；能够做好托育机构与幼儿园衔接，以更好地促进婴幼儿的发展。

学习支持

托育机构和幼儿园都是对幼儿进行早期教育的专业机构，目的都是解除家庭在培养儿童时所受时间、空间、环境的制约，促使幼儿身体、智力和心理健康发展。研究表明，接受过托育机构学习的幼儿能够更好更快地适应幼儿园的生活和学习。

一、托育机构教育与幼儿园教育的区别与联系

（一）托育机构教育与幼儿园教育的区别

1.教育对象不同

托育机构面对3岁以下婴幼儿，一般6个月以上就可以入托；幼儿园面对的是3到6岁的幼儿。

2.教学内容不同

托育机构的教育活动细分年龄段，如6-12个月、13-24个月、25-36个月等。除了日常生活照顾，还提供户外和室内课程（艺术课、音乐课、感统课、科学实验课、生活课等），并根据每家托育机构的设置不同，将这类课程融入一日生活，在活动中发展幼儿的社交、语言、运动等各项能力。

幼儿园的教育活动内容具有广泛性、启蒙性，可按照幼儿学习活动的领域相对划分为“健康、语言、社会、科学、艺术”等五个方面，各方面的内容致力于发展幼儿的认知、技能、情感态度。幼儿园课程由三个方面构成：一日生活常规、游戏与集体教学活动。

3.主管机关不同

托育机构的主管单位为卫生健康委员会，幼儿园的主管单位为教育委员会。

4.管理形式不同

托育机构入园时间为早上8点到晚上6点。一般可以进行日托、半日托和计时托等服务，方便根据家长的需要自行选择。有些托育机构周末和节假日也提供入托或上门服务。幼儿园仅提供全日托服务，入园时间为周一至周五早上8点到下午4点半左右，周末和节假日正常休息。

5.师资要求不同

托育机构要求照护者不但要接受过专业的婴幼儿照护教育或培训，取得育婴员、保育师、婴幼儿发展引导员等国家职业资格证，而且要掌握相应的日常保健、急救技能，能够开展各年龄段教养活动的能力，具备良好的职业道德。幼儿园主要的工作人员分为两类：保育员和教师。教师必须具有《教师资格条例》规定的幼儿园教师资格；保育员应当具备高中毕业以上学历，受过幼儿保育职业培训。

（二）托育机构教育与幼儿园教育的联系

托育机构与幼儿园在服务宗旨和教育目标上具有一致性。托育机构与幼儿园皆以服务学龄前儿童及其家庭为宗旨，坚持保育和教育相结合的原则，对幼儿实施德智体美劳全面发展的教育，促进其身心和谐发展，增强体质，培养良好的生活习惯、卫生习惯和参加体育活动的兴趣。

0-6岁是完整的学前教育年龄阶段，这一年龄段的幼儿在身体、智力、情感、社会性、个性等方面的发展具有高度相似性和紧密关联性，应当实施整体性的教育。只有将两者有机统一起来，有目的、有计划地施以教育，才能满足婴幼儿的发展需求，进而促进托幼教育一体化。

二、托育机构与幼儿园衔接存在的问题与对策

(一)托幼衔接面临的问题

1.家、园、社区三方步调不一致,资源整合难

现阶段,托幼衔接缺乏资源的整合,社区与家庭的支持力度不足。目前,托幼衔接工作往往由幼儿园与托育机构承担,社区缺位问题较为突出。作为基层治理组织,社区的缺位导致衔接工作的力度不足。社区往往受到工作人员精力和专业知识储备的限制,造成社区在幼儿园、托育机构互动方面主动性差,社区的教育资源与动员能力没有得到充分发挥。家、园、社区间缺乏共育的理念,更缺乏共育的机制,三方的托幼衔接活动一般都设立在幼儿入园前1-2个月中,形式也往往局限在家长讲座、家长学校等,形式枯燥、内容单一、活动次数有限、合作的程度不深。

2.缺乏托幼衔接的路径

围绕托幼衔接工作需要出现多种类型的教养途径,多元的可供家长选择的衔接路径能更好地满足婴幼儿发展的需要,适应家长的不同需求。然而目前3岁以下的婴幼儿多数居于家中,甚至以祖辈的隔代抚养为主。在0-3岁早期教育阶段,家庭可选择的托幼衔接路径相对较少,内容简单、家庭参与的积极性不高,更别说幼儿园、社区组织的有针对性、渗透性、可选择的托幼衔接活动,因此,远远满足不了0-3岁婴幼儿家庭的真正需要。

3.托幼衔接的策略缺乏过渡性、递进性

由于我国幼儿园的学制是以3岁作为教育的起始点,目前对3-6岁幼儿教育的研究相对深入和完善,而对0-3岁托幼衔接的研究相对较少,针对低龄婴幼儿的教育活动策略探索则更少。如在幼儿园附设的托班,仍以20-30人的编班为主,教学模式和教学策略也是简单地模仿或套用幼儿园的普通班级,忽略了0-3岁婴幼儿独特的发展特征和活动需要。托育机构为家庭提供的短暂衔接活动缺乏过渡和递进,出现了一些弊端,如盲目地对幼儿进行一些不必要的训练或使幼儿对入园产生了畏难情绪。

(二)托幼衔接的对策

1.遵循婴幼儿身心发展的特点,明确衔接任务

婴幼儿的发展具有阶段性与连续性。0-3岁与3-6岁学龄前儿童确有不同阶段的特点,但是也不会从踏入幼儿园开始就失去了0-3岁的特质。发展的连续性规律决定在衔接时期,两个阶段的特点同时并存,且相互交叉。婴儿阶段的特点逐渐减弱,幼儿阶段的特点逐渐增强。为适应婴幼儿此时期身心发展规律,促进其健康成长,托育机构和幼儿园都要创设适合婴幼儿发展的环境,不能

一味地要求幼儿适应幼儿园生活，而要强调教育要适应幼儿的发展，应确立近、远期两个教育目标，近期目标是帮助幼儿顺利过渡，远期目标是为幼儿一生的成长打下此阶段应有的全面素质基础。

为完成近期目标，托育机构的衔接任务是为孩子一生的发展奠定基础，用科学的方法启迪和开发幼儿的智力，培养幼儿健康的身体素质、良好的生活习惯、活泼开朗的性格等。幼儿园的衔接任务是将托育机构的成果进一步延伸和深化，开展专门的入园适应性活动，让幼儿减少托幼衔接中的心理坡度。

2.从实际出发，找准衔接点

幼儿所处地域不同，接受的托育服务质量不同，部分幼儿从未接受过托育服务，因此进入幼儿园时所具备的能力和各方面的发展水平有所不同，所以必须依据实际情况来确定衔接的重点，以点带面，推动衔接工作的全面发展。具体来看，作为托育机构，应该从心理准备、能力和习惯准备两个方面进行衔接。

首先是心理准备。帮助孩子了解幼儿园的生活，激发他对幼儿园的兴趣。让孩子知道幼儿园是个有趣的地方，有一起玩耍的同伴、好玩的玩具、有趣的游戏活动。托育机构还可以和家长合作，让家长在日常生活中引导孩子与已经进入幼儿园的孩子一起玩耍，让孩子在玩耍过程中了解哥哥、姐姐在幼儿园中学到的知识技能，以此激发孩子上幼儿园的愿望。

其次是能力和习惯准备。帮助孩子养成良好的生活习惯和规则意识，托育机构可通过和家长的合作，在潜移默化中教会孩子应该做什么、应该怎么做、不应该做什么。培养孩子的生活自理能力是学前教育的重要内容。孩子自己吃饭、穿衣服、叠被子、系鞋带等活动这一系列动作的组合，能培养孩子的手眼协调能力，也可促进孩子智力的发展。这也是孩子进入幼儿园之后必须掌握的一些基本生活技能。若在托育机构中不注意对孩子生活自理能力的培养，剥夺孩子锻炼的机会，会使孩子缺乏独立意识，其他能力的发展也会相对滞后。因此，在托育机构与幼儿园的衔接中，应该主动培养孩子的生活自理能力，让其掌握一些基本的生活技能，这样孩子在入园之后能顺应教师的教育要求，同时也更容易对自我产生肯定性的认知。

3.考虑外界因素对衔接的影响，重视家长工作

托育机构与幼儿园之间的衔接不只是机构与幼儿园的事情，家庭和社会各方面的因素都会对其产生影响。家长的作用尤其不能忽视，幼儿的生活行为习惯、自理能力、身体素质、学习态度和能力以及社会适应能力等都离不开家长的影响。因此，机构应做好家长工作，向家长宣传科学的育儿知识和正确的衔接措施，帮助家长学习掌握正确的教养方法，使家长和教师同步对幼儿进行衔接

教育，保证衔接工作的顺利进行。

学习评价

任务名称	评价内容	评价等级				
		优秀	良好	中等	合格	不合格
婴幼儿托育机构与幼儿园	认识到托育机构与幼儿园衔接的重要性					
	了解托育机构教育与幼儿园教育的区别与联系					
	认识到当前托幼衔接存在的问题					
	掌握托育机构与幼儿园衔接的对策					
	能做好托幼衔接的相关工作					

备注：请同学们根据自己对任务内容的掌握情况，在对应的等级打“√”。

推荐阅读

[1]高杉自子.与孩子们共同生活：幼儿教育的原点[M].王小英，译.上海：华东师范大学出版社，2009.

[2]李跃儿.孩子是脚，教育是鞋：芭学园教育理念和经典课程[M].上海：华东师范大学出版社，2014.

[3]苏敏，朱丽萍.幼儿园课程设计与组织[M].上海：华东师范大学出版社，2017.

项目小结

本项目主要介绍了婴幼儿托育机构与家庭、社区以及幼儿园合作的相关问题。详细阐述了托育机构与家庭教育、社区教育合作时的意义、内容和方法；系统论证了婴幼儿托育机构与幼儿园之间的区别以及做好衔接的方法。

思考练习

简答题

1.托育机构从哪些方面对家庭教育进行指导。

2.托育机构如何与社区展开合作。

3.托育机构教育与幼儿园教育有什么区别和联系。

实践实训

制定一个婴幼儿托育机构与家庭合作的活动计划，并到托育机构实施，记录、分析实施效果。

参考文献

[1]秦旭芳.0-3岁亲子教育活动指导与设计[M].北京:中国人民大学出版社,2017.

[2]林崇德.发展心理学[M].北京:人民教育出版社,2009.

[3]李营,张丹.0-3岁婴幼儿家庭教育与亲子活动游戏指导(慕课版)[M].北京:人民邮电出版社,2021.

[4]乌焕焕,李焕稳.0-3岁婴幼儿教育概论[M].北京:北京师范大学出版社,2019.

[5]虞莉莉.幼儿园教育案例专题研究[M].杭州:浙江大学出版社,2005.

[6]张兰香.学前教育学(第三版)[M].北京:高等教育出版社,2019.

[7]郑健成.学前教育学[M].上海:复旦大学出版社,2014.

[8]A.C.马卡连柯.儿童教育讲座[M].诸惠芳,译.石家庄:河北人民出版社,1997.

[9]陈秋珠,石才英,房亚姿.改革开放四十年来国内早期教育研究历程及展望[J].海南师范大学学报(社会科学版),2019(05).

[10]丁玉洁.我国早教机构发展的历史与现状探析[J].昌吉学院学报,2020(02).

[11]姜新新,蔡淑兰.我国早教机构管理存在的问题及其分析[J].内蒙古师范大学学报(教育科学版),2011(02).

[12]李莎.国际视野下早期教育与托幼服务的进展及启示[J].外国中小学教育,2016(02).

笔记

笔记

笔记

笔记

笔记

笔记

笔记

笔记

笔记

笔记

笔记

笔记